SERIE MUJER AMIGA

DESDE EL CORAZÓN DE UNA *Amiga*

DAYNA MONTEAGUDO

"Un verdadero amigo te ama tal cual eres, pero te dice la verdad cuando necesitas escucharla."
Anónimo

Hay momentos en nuestras vidas cuando carecemos de palabras de sabiduría que nos guíen hacia la paz o hacia las acciones que debemos tomar.

Te entrego estas Reflexiones para diferentes momentos de tu vida. Este no es un libro para leerlo, aprender, terminarlo, y ponerlo a un lado. Estas Reflexiones, escritas desde mi corazón para ayudarte a vivir mejor, son para leerlas, retenerlas, y apoyarte en ellas una y otra vez. Aprenderás a transformar tu forma de pensar, a manejar tus emociones, y a decidirte a ser feliz a pesar de lo que te rodee.

Tu amiga,
Dayna Monteagudo Rodríguez

Desde el corazón de una amiga
Serie Mujer Amiga

Editado por: Ofelia Pérez
Diseño y Diagramación: Nodelis "Loly" Figueroa

ISBN: 978-1-64467-100-9
Impreso en los Estados Unidos de América

Dedicatoria

Mamita querida, la primicia que representa este libro es, ante todo, para glorificar el nombre de Dios. A Dios sea toda la gloria.

A ti quiero reconocerte, honrarte y dedicarte este privilegio divino de poder manifestar en palabras, experiencias y oportunidades vividas.

MISMA, TÚ SABES...
QUE TÚ LO SABES.

Agradecimientos

Gracias a Dios, dueño y fuente de todas las cosas, por compartir conmigo el privilegio de experiencias de vida.

A mamita querida por ser una madre que desea lo mejor para mí.

Mi papito, gracias por elegirme para ser tu hija. ¡Con tu vida me has enseñado tanto! Nunca tendré las palabras suficientes para agradecerte por amarme como una hija de tu corazón.

A mis hermanas Janet y Johanna, gracias por ser una bendición.

A mi amado esposo, porque tenerte a ti es un regalo que conservo todos los días como algo muy preciado. Gracias por apoyarme y estar presente.

A mis hijos amados Natanael y Dayna Eliz, ¡qué mucho aprendo con ustedes! Son mi fuente de inspiración y mi motor.

Gracias a Verónica Trujillo por tener un corazón de servicio. Y gracias por presentarme a Ofelia Pérez.

Jamás imaginé decir la expresión "mi editora"... nada menos que Ofelia Pérez. Más que mi editora, una maestra. Gracias, Ofelia, por compartir tanto conmigo.

Gracias a Janira Torres, propietaria de la emisora Alfa 95.9, a Carlos Merced, y a Robert Pérez, "El Russo", por su decidido apoyo en la difusión de estas cápsulas "Desde el corazón de una amiga", que son instrumento de aliento para miles de mujeres.

Presento, además, mi gratitud y mi compromiso a todas esas mujeres que me escuchan y me siguen mediante las ondas radiales; y a ti, lector, por tomar de tu tiempo e invertir en la lectura de este libro.

Prólogo

"Pero a cada uno le es dada la manifestación del Espíritu para provecho. Porque a éste es dada por el Espíritu palabra de sabiduría; a otro, palabra de ciencia según el mismo Espíritu; a otro, fe por el mismo Espíritu..."
(1 Corintios 12:7-9).

Sentirme maravillada por las obras de Dios es algo que nunca voy a dejar de hacer, aunque sepa que eso es lo que siempre hace Dios; obras perfectas y asombrosas. Una de Sus mejores expresiones es su manera de otorgar dones y talentos, como lo ha hecho en Dayna.

Dayna tiene un llamado ministerial que se traduce en un entendimiento profundo de cómo viven las mujeres de nuestro tiempo, qué les duele y les angustia, y qué necesitan. Tiene la capacidad de acercarse a ellas en su lenguaje, calando en sus sentimientos y moviéndolas desde el interior de su ser con palabras que lucen sencillas, pero guardan la profundidad que se necesita para lograr transformación de mente y espíritu. Esta es una habilidad nada común, y Dayna la refleja convirtiéndose en la amiga que toda mujer desea y busca escuchar.

Al observar detenidamente estas Reflexiones, veo lo que nos da una verdadera amiga: solidaridad, abrazo, refrigerio, descanso, amorosa confrontación cuando se hace necesaria, apoyo, aceptación, validación de sentimientos e inspiración de fe ¡a raudales!

Tú puedes continuar escuchándola por radio, pero ahora también puedes tenerla cerca en este libro que te afirmará las veinticuatro horas, y al cual podrás tornarte en tus momentos de necesidad, indecisión, oscuridad y, por supuesto, ¡de felicidad!

Desde el corazón de una amiga es para leer, releer y tener, precisamente cerca de tu corazón.

Min. Ofelia Pérez, AWA
Editora y escritora

Introducción

¿Qué importancia tiene para una persona conocer el concepto de identidad?

MISMA... Decide vivir hoy bajo la identidad que Dios te dio. Una identidad que te provee herramientas para cambiar tus pensamientos y la manera que ves y manejas las situaciones. Las circunstancias siempre van a estar. Pero como tú las enfrentes demostrará que estás entendiendo tu identidad en Dios.

Desde niñas nos regalan muñecas, “Barbies”, planchas, escobas, cocinitas, todos estos “juguetes educativos”. En realidad, aprendimos a ser estas madres abnegadas, esposas fieles y amantes en las noches, y las grandes “mingas” amigas de día.

Me pregunto: ¿Será eso solo lo que realmente debemos aprender? Debo aclarar que estas líneas no son una crítica a ser madre y esposa. Los roles de esposa y madre son mis favoritos.

El rol de esposa lo desempeño con mi mejor esfuerzo desde hace 20 años. Y el de madre apenas está iniciando con un adolescente de 16 años (vida caóticamente hermosa) y una chica espectacular de 10 años que nunca, pero nunca, me tiene aburrida.

Debido a estar escuchando durante 18 años a mujeres de diferentes edades y esferas sociales, me inspiré a escribir con mucho respeto estas líneas. Ninguno de los roles que tú desempeñas lo podrás ejecutar sin antes tener una identidad clara, plena y satisfecha de ti misma. Esto es algo más fuerte que tener una autoestima saludable. Es tan importante que te ofrecerá respiración, aun cuando estés tirada en la cama enfrentando la autocompasión, la depresión y el enojo.

Aprendí que los roles de una mujer, cualesquiera que sean, el de hija, hermana, madre, esposa, amiga, tía, empleada, prima, no serán suficientes para llenar tus expectativas de sentirte plena, feliz y satisfecha. La vida es cíclica y en las temporadas de vientos huracanados tendrás momentos de soledad contigo misma. Esa soledad te asustará porque no te conoces, no sabes quién eres, no tienes idea de cómo enfrentar los retos del nido vacío, del esposo que tomó la decisión de no amarte más, de la enfermedad que tocó la puerta de tu vida y cambió un poco tu físico, del patrono crítico que jamás reconoce ni valora tus esfuerzos… de los días que aún tú misma no sabes por qué estás llorando, o enfrentas un cambio hormonal y no hay pastilla que te deje dormir.

Estos retos contigo misma son los más difíciles de enfrentar si no te amas, si no te aceptas. Más allá de tomar una muñeca y jugar a mamá, mi invitación es a conocernos y conocer a quien nos creó. Solo tu fabricante, Dios, te puede ayudar a sentirte plena y satisfecha, aun cuando no tienes dinero en tu cuenta bancaria o no puedes comprarte esos zapatos que tanto te gustan. Conócete a ti misma. Disfrútate, abrázate y valórate. Cuando no te conoces, estás propensa a sentirte temerosa y confundida, y esto no te ayudará a enfrentar los retos de la vida cotidiana.

Cuando aprendes y asimilas que Dios es suficiente, pueden llegar los momentos de pérdidas que te producirán ansiedad y dolor, pero luego del tiempo necesario para ti, podrás experimentar la paz y el consuelo de Dios. Claro que en tu humanidad lloras, pero como siempre digo: "Amiga, da una buena lloradita, y mañana te pones los tacones". Llorar y/o aflorar tus sentimientos no son reflejo de debilidad, sino de humanidad. Todos los procesos toman su tiempo. Podrás superar el proceso, pero te asombrarás de lo diferente que te proyectas cuando sabes que tu identidad, tu vida, el amor, el gozo, la paz solo provienen de tu Dios, que es suficiente. Amiga, toma tu vida y di: "¡Misma, Dios es suficiente!".

Tu identidad no está basada en una marca de ropa, no está basada en cuántas veces tu esposo te dice: "Te amo", no está basada en tu físico o en la aprobación de la gente. *"Vanidad de vanidades, dijo el Predicador... ¿Qué provecho tiene el hombre de todo su trabajo con que se afana debajo del sol?"* (Eclesiastés 1:2-3). Las cosas de este mundo no pueden traer felicidad, porque son temporeras. El ser humano fue diseñado para conocer y disfrutar de Dios. Solo así estarás clara, plena, feliz y satisfecha de gritar a los cuatro vientos: "Mi Dios es suficiente y esto me hace sentir feliz".

Desde el corazón de una amiga quiero expresarte y compartir enseñanzas de vida en oportunidades que hoy son una bendición. Son parte importante de mi desarrollo integral como mujer.

Índice

DESDE EL CORAZÓN DE UNA *Amiga*

1
Ámate

Durante décadas, miles de mujeres han demostrado que una vez aceptas y amas quien eres, no le darás permiso a nadie a minimizarte, desvalorizarte, y mucho menos darás el consentimiento a nadie a lastimar tu dignidad. La gran pregunta ¿por qué no amarme? ¿Cuándo me amé de verdad? ¿Cuándo fue el día que dejé de pensar en los demás? Las respuestas a estas preguntas en un momento de mi vida me hicieron juzgarme y me dije: ¡Qué pensamiento tan egoísta!

¿Quién dijo que era egoísmo amarse? Parece tan sencillo, y podrás decirme: "¡Claro que yo me amo!" Pero la gran triste realidad es que en el momento que le diste el permiso a otro a lastimar tu dignidad, demostraste

····
CUANDO DEJASTE QUE OTRO DOMINARA TUS EMOCIONES, DEJASTE DE AMARTE.
····

que realmente no te amas. Cuando dejaste que otro dominara tus emociones, dejaste de amarte. Cuando diste el permiso a tu mente para aceptar la opinión de otro, dejaste de amarte. Cuando entraste a un lugar y la mirada de alguien te desvalorizó, dejaste de amarte.

Hoy decide ser libre de esas personas o circunstancias que te han herido. Hoy es un excelente día para amarte. Hoy desea tener un cambio en la manera que te amas. Comienza con aceptarte. Cambia esos pensamientos y la manera en que hablas de ti.

¡Comprométete contigo
misma y ámate!

2
Perdónate

Con coraje dijiste algo que no debiste. Aprendiste; ahora sé valiente y pide perdón. Repite conmigo: *"Misma, no seas orgullosa y reconoce tus faltas".* Cierra el capítulo y comienza un libro nuevo. Todos en un momento dado de nuestra vida hemos dicho algo bajo coraje, que no debimos decir. La falta de perdón a ti misma no te permite florecer. La acusación invade tu mente y te inmoviliza para dar pasos de progreso. No continúes castigándote por algo que ya pasó y Dios ya te perdonó. Toma el valor para pedirte perdón, y toma la saludable decisión de pedir perdón. Una vez lo hagas, serás libre de toda culpa y acusación. Si la otra persona no te perdona, de eso no tendrás control. Déjalo en los brazos de Dios. Haz tu parte.

Hace unos años en Puerto Rico tuve el privilegio de pastorear y antes de comenzar ese servicio, Dios me inquietó a llamar personas y pedirles perdón. Sentí que el Espíritu Santo me guiaba a rendir cuentas para no iniciar una responsabilidad tan hermosa cargada de culpa o acusación. Hoy doy gracias a Dios por su guíanza.

Efesios 4:32 te dice:

> *"Antes sed benignos unos con otros,*
> *misericordiosos, perdonándonos*
> *unos a otros, como Dios también*
> *os perdono a vosotros en Cristo".*

3

Cuídate

¿Cuándo las mujeres dejaron de cultivar su ser interior? ¿Y por qué? Cultiva quien eres, y calla las voces de quienes te critican y no valoran tu ser. Ningún ser vivo puede vivir sin el cuidado requerido. Nadie podrá cuidarte mejor que tú misma. Una vez te comienzan los síntomas de una enfermedad, debes iniciar tu cuidado preventivo como descansar, mejorar tu alimentación y tomar vitaminas. Tu cuerpo reaccionará si no lo cuidas adecuadamente.

....

CUANDO TE CUIDAS, DEMUESTRAS QUE TE IMPORTAS A TI MISMA.

....

Igual ocurre con tus emociones. No hay manera de tener una vida emocional saludable si no dedicas espacios para ti de reflexión y oración. No puedes cuidar o amar a nadie responsablemente si no te cuidas y te amas. Solo tú eres responsable de ti. Cuando te cuidas, demuestras que te importas a ti misma.

Cuando hablo de tu cuidado, me refiero a algo más que cuidar tu cabello o tus uñas, que son importantes también, pero de igual forma debes tomar como mínimo un día al año y ver tu médico para tu chequeo físico anual. ¿Desde cuando no te haces un examen visual y/o te haces unos laboratorios de sangre para ver cómo está tu cuerpo? Decide hacer una cita con un médico. Si no tienes un plan médico, busca alternativas en tu comunidad de alguna clínica gratuita o de bajo costo, pero no pospongas más cuidarte. Demuestra que te amas y haz esa inversión en ti.

Recuerda a Mateo 19:19:

"Amarás a tu prójimo
como a ti mismo".

4

Sé Amorosa

Sé una persona amorosa y paciente, no solamente con los demás, sino contigo misma. Ser positiva y participar de conversaciones saludables son las claves para llegar a ser una persona más amorosa. Acaba con esa voz crítica en tu interior, y presta más atención a las cosas y personas buenas en tu vida. De esta forma, pronto vivirás una vida más amorosa y feliz. Aprende a dar tiempo, a servir a tu familia, amigos, a la congregación a la que asistes. Hasta puedes donar tiempo a organizaciones sin fines de lucro. Perdona y perdónate. Rodearte de personas amorosas te servirá de motivación. Sé optimista, no esperes nada a cambio, y reflexiona cómo te sientes luego de haberlo intentado. No dejes de hacerlo porque nadie lo hace contigo.

La invitación es obedecer a Dios y Él te suplirá tu cosecha. Imagínate cómo sería este mundo si tú y otras decidieran ser amorosas. No esperes por los demás; comienza por ti. Esta decisión pronto te traerá una vida feliz y plena. Podrás tener una mejor relación con tu familia y todos los que se te acerquen.

Date un fuerte abrazo hoy. Mírate al espejo y di:

YO SOY UNA HERMOSA CREACIÓN DE DIOS.

5
Lección

La mujer sabia acepta lo que ha experimentado, y de ahí toma su lección. Cada lección va formando su carácter, y en el camino comparte lo que ha aprendido. A su vez, deja un legado a estas generaciones de mujeres que se están levantando.

> LAS LECCIONES NO TIENEN NINGÚN EFECTO SI NO PUEDES ENSEÑARLAS A OTROS.

En mi juventud tuve la hermosa bendición de asistir a iglesias donde las mujeres no me miraban como competencia, sino que querían hablar conmigo, darme un abrazo y tenían detalles para mí. Me enseñaron con su vida cómo ser una ejecutiva del hogar o como algunos llaman, ser "ama de casa". Me enseñaron a cocinar y a cuidar los niños. Pero sobre todas esas cosas aprendí a depositar mi confianza en Dios. Su vida me modeló una vida de oración; a fijar mis ojos en el máximo ejemplo, Jesús, el autor de mi fe. Me empujaron con amor a servir a otros.

Este puente generacional hoy es mi fundamento cristiano. ¿Asistes a alguna iglesia y has tomado el tiempo de abrazar a otra joven y hablarle de tu testimonio? Las mejores lecciones de vida son las que puedes compartir e impartir a otra persona. Las lecciones no tienen ningún efecto si no puedes enseñarlas a otros. ¿Con quién compartirás lo aprendido hoy?

"El conocimiento no vale
si no se comparte."
- Juan Miguel Hernández Cruz

6
Sabiduría

El envejecimiento por sí solo no nos hace mujeres sabias. Cada arruga de una mujer lleva una historia. La mujer sabia aprovecha su tiempo, y lo marca con buenas decisiones. Tener cierta edad no te hace sabia. La sabiduría se adquiere a través de las experiencias. La manera que enfrentas las situaciones define tu sabiduría. Aprendí que no tengo que enfrentar todas las circunstancias porque puedo elegir mis batallas. Muestras sabiduría cuando puedes discernir en cuál situación invertirás tu tiempo y tus emociones.

La Biblia nos habla de que hay tiempo para hablar, pero también hay tiempo de callar. En ocasiones es sabio escoger el silencio, y tomar tiempo de oración. En muchas ocasiones me he sentido tentada a defenderme, pero Dios siempre me hace recordar que Él defiende sus hijos. Porque abogado tenemos ante el Padre; Jesús está para defender nuestras causas.

Ahora bien, también hay tiempo para hablar, pero debemos ser cuidadosos cómo y cuándo lo hacemos. Comencé a trabajar muy joven y en cierto empleo tenía un patrono que gritaba y utilizaba un tono fuerte. Yo llegaba todos los días llorando a mi casa. Un día tomé valor y hablé con mi jefe. Dios, como siempre, tomó control de la situación y todo mejoró.

Eclesiastés 3:1 dice:

> *"Todo tiene su tiempo, y todo*
> *lo que se quiere debajo*
> *del cielo tiene su hora."*

7

Esencia

Elige ser. No seas solo una circunstancia, una emoción o la reacción a algo que pasó. Las circunstancias, las emociones y las reacciones son pasajeras. Pero la esencia de quien eres siempre será un eterno recuerdo en las vidas de aquellos que te aman. Por amor a ellos, cuídate y elige ser. No podemos vivir pensando que las situaciones son más grandes o más fuertes que Dios.

Una mujer de Dios muy especial me contó su historia de cómo se enfrentó a la pérdida de su esposo. Al relatar cómo enfrentó sus emociones se dio cuenta que tenía que reencontrarse con ella misma; cuáles eran sus deseos y aspiraciones. Vivimos tan envueltas en ocasiones con los roles de esposa, madre y empleadas, entre otros, que es válido y necesario hacer un alto para la autoevaluación, si estoy dejando de ser yo para solo estar, o realmente estoy siendo mi esencia. Por ejemplo, a mí me gusta el mantecado de vainilla, pero a mis hijos el de chocolate. ¿Cuál creen que compraba? El de chocolate. Hasta que aprendí que podemos comprar ambos, y no tengo que siempre ceder mis gustos. No pierdas la esencia de tu personalidad. Es lo que te distingue de otras personas.

"No hay nadie como tú;
hay algo que tú puedes hacer,
y que ninguna otra persona
puede hacer."
– Dra. Caroline Leaf

8
Control

No pienses que estás sola en esta vida. Todas vivimos por ciclos de vida, temporadas y épocas del año donde pensamos que no lo vamos a lograr. Toma control de ese pensamiento. Es solo un pensamiento y no una realidad. No estás sola, Dios está contigo. Muchas veces nos encontramos con el drama de nuestra novela: “A mí nadie me ayuda, yo todo lo hago todo sola”. Y sí es cierto que ocasiones ningún ser humano te ha ayudado.

Pero no es cierto que Dios no haya estado para ayudarte. Si Dios no te da salud no podrías haberte levantado de esa cama. Personas no se levantaron hoy de la cama. No olvides que las estaciones o temporadas son momentáneas.

• • • •

LAS PROMESAS DE DIOS
NO TIENEN FECHA DE VENCIMIENTO.

• • • •

Todo tiene un principio y todo tiene un final. Lo que es eterno es el amor de Dios para ti. Las promesas de Dios no tienen fecha de vencimiento. Aprende a descansar y soltar las situaciones en las manos de Dios y deja que Él tome el control de todo.

"Sea la paz dentro de tus muros,
Y el descanso dentro de tus palacios"
(Salmo 122:7).

9
Reflejo

Cuándo te miras en el espejo, te pregunto, ¿te amas? ¿te aceptas?, ¿respetas lo que ves? Entonces confías en ti. Cuando confías en ti proyectas seguridad. Tú tienes que amarte, aceptarte y respetarte. Cuando este sea tu estilo de vida, entonces serás lo que reflejas. Tú proyectas lo que está en tu corazón. No hay maquillaje que pueda ocultar un corazón que te haga sentir plena y satisfecha de quien eres. La belleza que debe sobresalir de ti es aquella que tú proyectas con elegancia, de un corazón lleno de misericordia, bondad y amor.

....

NO TRATES DE OCULTAR ESOS SENTIMIENTOS QUE NO TE PERMITEN SER FELIZ.

....

De la abundancia de tu corazón habla la boca. Si pudieras tener una cámara grabándote todo el tiempo, al final del día podrías evaluarte. Podrías ver cómo piensas, cómo reaccionas ante ciertos eventos y cómo hablas. Estarías viendo realmente cómo te reflejas. No trates de ocultar esos sentimientos que no te permiten ser feliz. Trabaja esas emociones, y libera lo que te tiene abatida y no puede reflejar un corazón alegre.

Proverbios 15:13 dice:

"El corazón alegre hermosea el rostro;
mas por el dolor del corazón
el espíritu se abate."

10
Reinicio

Cuando tenemos agotamiento, en ocasiones es el reflejo de lo desorganizadas que estamos y el desbalance que tenemos. Dale al botón de reinicio en tu vida y ubícate. Detente y reflexiona. Analiza tus decisiones y acciones. Esto es importante para vivir una vida efectiva y balanceada. Las consecuencias de continuar la vida sin un balance pueden, no solo perjudicar tu salud emocional, sino también tu salud física. Existen condiciones de salud física que son producidas por emociones no atendidas.

Toma tiempo de lectura bíblica. Asiste a una iglesia de tu preferencia. Visita a un ser querido y ten tiempo de calidad. Saca tiempo para ti. Si te gusta caminar o ir a la playa, ve; haz lo que te haga bien. Luego vuelve a la carga, esta vez más concentrada en una sola cosa. No pretendas hacerlo todo a la vez; algo no va a salir bien. Cada día tiene su propio afán. Haz una lista de los asuntos pendientes, evalúa lo que realmente tiene prioridad y comienza con esto. Presenta a Dios en oración cada situación. Dios te dará la sabiduría. Siempre haz tu mejor esfuerzo. Respira profundo y continúa. Está prohibido rendirse. Anímate; toma valor.

NUNCA
NUNCA
NUNCA
TE RINDAS.

– Sir Winston Churchill

11

Sí al No

Cuando tienes el "NO" dañado y quieres hacerlo todo, cuidado que no sea que realmente quieres controlarlo todo. O tal vez te encuentres diciendo "Tengo miedo a decir que 'No' por el miedo a no ser necesitada de nuevo". Si no quieres, no quieres. Y si no puedes, no puedes.

En ocasiones tenemos miedo de fallar a las personas porque vivimos adictos a la aprobación de los demás. No hay nada negativo en ser honesto ni en decir que no si realmente no podemos o no queremos. En muchas ocasiones puse otras personas o compromisos primero a que mi familia. No estuve presente en eventos importantes de mi familia por actividades de la iglesia, pensando que estaba en lo correcto y que era lo

....

SI NO QUIERES, NO QUIERES. Y SI NO PUEDES, NO PUEDES.

....

que Dios esperaba de mí. Luego de una difícil situación aprendí a que mi primer ministerio es mi familia. Mi familia es mi prioridad.

Decide hacer lo que libre y espontáneamente fluye de tu corazón. No hagas nada para agradar al hombre. Porque cuando haces las cosas para el hombre, recompensa de hombre recibirás. Cuando haces las cosas como para Dios, recompensa de Dios recibirás. Ahora bien, aprendamos a ser personas de palabra. Si accedemos a algo, seamos responsables y puntuales.

"Pero sea vuestro hablar:
Sí, sí; no, no; porque lo que es
mas de esto, de mal procede"
(Mateo 5:37).

12
Presente

¡Qué mucho tiempo invertimos en pensamientos del pasado! El presente queda en espera diciendo: "¡Hola!, ¿hay espacio para algo nuevo que queremos vivir?". Debemos aprender a dar gracias por todo. Por los momentos llenos de retos, como los que nos han llenado de alegría. Entonces, así estarás lista para recibir todo lo nuevo.

Yo acostumbro al principio de año limpiar mi guardarropa (closet) para sacar todo aquello que ya no uso y está ocupando un espacio. Con esta tarea afirmo por fe que estoy lista y tengo espacio para lo nuevo. Vive y disfruta el presente viviendo el momento. Vivir el presente produce contentamiento y podrás vivir en plenitud.

Muchas personas por experiencias pasadas negativas se limitan a no intentar una nueva oportunidad. Los que no tuvieron éxito en el pasado en un negocio se niegan la oportunidad de hacerlo de nuevo. No permitas que esa experiencia del pasado te impida la oportunidad de intentarlo de nuevo. Porque ese negocio no funcionó, no significa que esta nueva oportunidad no funcione. Inténtalo; puede llegar a ser un éxito. Las experiencias del pasado son oportunidades de aprendizaje que nos ayudan a afinar nuestra forma de tomar decisiones. Nos ayudan a medir y a evaluar nuestras emociones y forma de pensar. Vive el presente con la expectativa de que Dios tiene algo hermoso para ti.

"El fracaso es una gran oportunidad
para empezar otra vez con más inteligencia."
– Henry Ford

13
Conócete

Busca con carácter de urgencia un momento de estar contigo misma para meditar, reconocer tus fortalezas y tus logros. Lamentablemente invertimos demasiado tiempo en señalar lo negativo, las malas decisiones, o en pensamientos del pasado. Hagamos un cambio:

. . . .

INVIERTE TIEMPO EN RECONOCER
TUS CUALIDADES, TUS FORTALEZAS Y
TUS LOGROS, TODOS LOS QUE HAS OBTENIDO
POR MÁS PEQUEÑOS QUE PUEDAN PARECER.

. . . .

¿Qué importancia tiene para ti conocerte? Mucha, porque cuando te conoces te cuidas. Probablemente has escuchado a alguien decir: "Mejor no digo nada porque yo me conozco". Lo que la persona está queriendo decir es: "Se cuál sería una posible respuesta, pero decido controlarme". Si conoces que eres una persona que si no descansa o comes te pones de mal humor, evita estas y otras situaciones. Trata de hacer tus comidas a tiempo y descansa. Ejemplos como los que mencioné son muestra de cuando alguien se conoce y aprende a cuidarse.

Una compañera de trabajo en una ocasión me compartió que cuando tenía un cambio hormonal estaba bien sensible y lloraba por todo, y su esposo la confrontó con la pregunta: "¿Por qué las mujeres en algún momento del mes están sensibles o de mal humor?" Claro que la respuesta a esta pregunta tiene un fundamento natural y científico. Pero ella y yo concluimos que vamos a hacer nuestro esfuerzo para que las hormonas no nos dominen. Tratemos de dominar nuestras hormonas. Conócete, disfrútate y previene las situaciones que pudieran dominar tus emociones.

"Conocerse a sí mismo es el mayor saber."
– Galileo Galilei

14
Ríete

Desarrolla el sentido del humor. Fíjate que hay una diferencia entre ser una persona que hace bromas o chistes y la persona que tiene buen sentido del humor. El sentido del humor es una actitud que te permite ver algo positivo en las situaciones negativas. ¿Alguna vez escuchaste a alguien decir algo como: "Vamos a ver lo positivo en esto" y sonríe?

El sentido del humor puede reducir el estrés y la ansiedad, y también incrementar las capacidades de enfrentarte a las situaciones, además de subir la autoestima. Uno de los mayores placeres para cualquier ser humano es reírse. La sonrisa indica que el estrés y el peso del mundo no te han vencido. ¿Cómo puedo desarrollar el sentido del humor? Abraza la felicidad plena que te ofrece Dios. No dejes de sonreír. Siempre hay algo positivo en todo porque en Dios todo obra para bien. Siempre conocemos a alguien a quien le encanta hacer chistes o tiene un buen sentido del humor. Llama a esa persona. Una sonrisa es poderosa y saludable. Regala una sonrisa a alguien hoy. No dejes que la amargura capture tu felicidad.

"La raza humana tiene un arma verdaderamente eficaz: la risa."
– Mark Twain

15
Rol

El rol de una mujer no es una carga, no es una competencia de igualdad de derechos, y tampoco es imposible. El rol de una mujer es una bendición. Un regalo de vida otorgado por Dios. El rol de una mujer impacta en todos los aspectos de la vida. Disfruta tu rol de ser mujer.

Cuando comienzas a dejar que pensamientos negativos inunden tu mente, estarás siempre quejándote de que tienes que limpiar, y te olvidarás de dar las gracias porque tú, a diferencia de otras mujeres, tienes una casa para limpiar.

····
SUSTITUYE TUS QUEJAS POR ALABANZAS.
····

Si estás todo el tiempo peleando con tu marido y con tus hijos, dejarás de disfrutar que los tienes. Te olvidas de que hoy mismo hay una mujer llorando y orando por hijos y un marido. Tú los tienes y solo estás quejándote.

Sustituye tus quejas por alabanzas. Todas tenemos retos en nuestro matrimonio, pero no te enfoques en lo que no tienes. Celebra y ama lo que tienes. Tus roles no son una obligación; son una bendición. Si no te gusta limpiar, comparte la tarea; negocia con tu esposo. Asigna tareas a tus hijos de acuerdo a su edad. No tienes que hacerlo todo en un día. Divide las tareas por día.

Proverbios 31:25 dice acerca de la mujer virtuosa:

"Fuerza y honor son su vestidura;
y se ríe de lo por venir."

16

Decídete

Víctima o sobreviviente. Tú decides cómo quieres vivir la vida. La persona que decide ser víctima se autocastiga, se limita a sí misma, y siempre vivirá presa de esa decisión. Sin embargo, cuando decides ser sobreviviente, tomas tiempo para manejar tu dolor y te sacudes. Pasa la página luego de haber tomado el tiempo de analizar los sucesos. Toma control de lo sucedido. Serás sobreviviente cuando no dejes que la situación te controle.

Hay mujeres que prolongan demasiado ciertas conversaciones necesarias. No dejes para mañana esa conversación que sabes que necesitas tener con esa persona, y deja de ser la víctima. No puedes seguir prolongando enfrentar tus emociones o situaciones, por miedo. Haz lo correcto, independientemente del resultado. Tu decisión determinará tu destino.

Muchas personas están arrepentidas por no haber tomado acción cuando era necesario, y hoy se están lamentando. No seas tú una de esas personas, y decídete a hacer lo correcto y necesario para ti. Al final del día es para tu bienestar. No sigas con excusas como: "Ya eso pasó, no me va a escuchar y/o no me va a perdonar". Deja las excusas y enfrenta ese dolor. Decide hoy ser una persona libre y sobreviviente.

"La peor decisión es la indecisión."
– Benjamín Franklin

17

Analízate

Limpieza mental. Cuando nuestro filtro mental está lleno de dolor, pensamientos negativos y del pasado, esto no nos deja ver la perspectiva de Dios. El cerebro del hombre es una computadora. La mente vendría a ser la parte central, en donde están concentrados todos los programas que la hacen funcionar. Toda la información que llega a nuestro cerebro la percibimos por medio de nuestros cinco sentidos: la vista, el oído, el olfato, el gusto y el tacto. Inmediatamente queda almacenada en algún espacio de ese formidable archivo que es la memoria.

Los resultados que se obtengan del manejo de esa información dependerán de la calidad de los programas que han sido activados en la mente para su respectivo procesamiento y desarrollo.

....

EL DESAFÍO CONSISTE EN ELIMINAR LA PROGRAMACIÓN NEGATIVA DE NUESTRA MENTE.

....

Es decir, que si el programa es bueno, los resultados serán buenos y si el programa es malo, los resultados serán malos. El desafío consiste en eliminar la programación negativa de nuestra mente para que el Espíritu Santo renueve el programa original de Dios en nuestras almas, en un proceso de santificación.

"No os conforméis a este mundo,
sino transformaos por medio de
la renovación de vuestro entendimiento,
para que comprobéis cuál sea
la buena voluntad de Dios, agradable
y perfecta" (Romanos 12:2).

18
Tú puedes

Tú posees la llave de las oportunidades. Hay personas que van a una entrevista y ya están diciendo, "Ay, no me van a aceptar", cuando aún no las han entrevistado. Quita de tu mente los "no me atrevo", "no soy suficiente" y sustituye ese pensamiento por *"Todo lo puedo en Cristo que me fortalece"* (Filipenses 4:13). Cuando no crees en ti mismo y cuando no crees en Dios, lo proyectas. Vamos a cambiar ese autoconcepto hoy. Las excusas son justificaciones para no hacer mi mejor esfuerzo. Una excusa que se escucha a menudo es "no sé cómo hacerlo". Nadie nació con el aprendizaje. Todos hemos tenido que buscar información, preguntarle a alguien, leer un libro, buscar consejería, ir a la universidad, buscar información por Internet; hacer el esfuerzo de obtener la información.

Aun teniendo la información, muchos hemos cometido errores y tomado malas decisiones. En otras palabras, tenemos que intentarlo. ¿Qué puede pasar? ¡Que todo salga bien! Pero antes de la acción tienes que trabajar con tu mente y tu corazón, y creer que Dios está contigo y te fortalece. Dios es tu ayudador y te acompañará en cada paso de fe que darás.

ESFUÉRZATE Y SÉ VALIENTE NO TEMAS Y NO DESMAYES.

19

Inseguridad

Criticar negativamente a otros no te añade como persona. Te resta respeto. Criticar de manera negativa, con intenciones inapropiadas, solo pone al descubierto las inseguridades. Al criticar o juzgar a los demás, estamos reflejando nuestros propios defectos en ellos. Cada persona se define por sus actos. Tus inseguridades te hacen tener envidia de los demás. Esto no procede de un corazón saludable. Deja de minimizar lo que tienes y quien eres. Deja de compararte con los demás. Todos somos diferentes. Aprende a disfrutar y a respetar las diferencias de los demás.

····

COMIENZA UNA RELACIÓN DE PATERNIDAD CON TU DIOS.

····

Si fuiste una niña criticada y/o criada sin un padre que afirmara tu autoestima, es muy probable que por esto seas insegura. La figura de un padre es importante para una niña. Sobre ese pasado ya no puedes hacer nada. Lo que puedes hacer es establecer una relación con tu Padre Celestial. Comienza una relación de paternidad con tu Dios. Dios llenará esos vacíos y necesidades que hay en tu corazón, y verás que, con el tiempo, estarás reflejando una mujer sana y segura de sí misma. Es importante que entiendas que estos cambios no surgen de manera inmediata; tu decisión de cambio debe ser final y firme.

"Mi padre eres tú, Mi Dios,
y la roca de mi salvación"
(Salmo 89:26).

20
Paz

Dios tiene pensamientos de paz para ti. Las trampas mentales que llegan... "Dios se olvidó de mí", "por qué me pasa esto", se anulan cuando lees y vives el principio de este verso bíblico. Tu paz no está en venta. No dejes que ninguna persona o circunstancia quiera comprar tu paz, porque no está en venta. Hay personas que no tienen paz. Viven en agonía y quieren que tú estés igual. Hay personas que es mejor no contestarles las llamadas; evítalas si es necesario. Sí; aprende a evitar lo que no te edifica. No dejes que sus conversaciones minen tu mente.

Aprende a valorar la importancia de tu paz. Dios no dijo que no tendrías momentos de intranquilidad. Dios no dijo que no tendrías problemas. Él dijo que los vas a tener, y muchos de ellos como consecuencias de malas decisiones. Pero Dios sí dijo: Yo estaré contigo dondequiera que tú vayas. Dios te ama, tú eres su hija, y todo padre quiere lo mejor para su hijo. Dios tiene pensamientos, intenciones y deseos de paz para ti.

"Porque yo sé los pensamientos
que tengo acerca de vosotros,
dice Jehová, pensamientos de paz,
y no de mal, para daros el fin
que esperáis" (Jeremías 29:11).

21

Ser o no ser

Es cuestión de ser. Cuando tu relación con Dios está firme, todo lo que se opone a Dios no es negociable. Hay momentos en la vida que tenemos que asumir postura ante lo que creemos. Tu fe en Dios y tus valores morales no son negociables. No necesitamos gritar para ser respetados, sino asumir una postura de autoridad en Dios. Dios te respaldará y no te dejará en vergüenza.

Muchas veces llegarán momentos de tentación para hacer cosas que tú sabes que no son correctas. Vendrán personas a incitarte para que hagas lo incorrecto. ¿Cómo saber si es incorrecto? Cuando el Espíritu Santo de Dios te tiene incómoda o inquieta; de momento no tienes paz o no puedes dormir. Ese es el

• • • •

LA ORACIÓN TE DARÁ DIRECCIÓN Y TE AYUDARÁ A TOMAR LA DECISIÓN CORRECTA.

• • • •

momento de detenerte y orar. La oración te dará dirección y te ayudará a tomar la decisión correcta.

Recuerda que solo tú tendrás que enfrentar las consecuencias de tus actos. Cuida tu testimonio como mujer cristiana. Lastimosamente hay personas que no le sirven a Dios, por un mal testimonio de alguien. Cuida cómo te vistes; una cosa es querer verte atractiva y otra es verte vulgar. Una vez recibes a Dios en tu corazón, surge en ti el deseo de cambiar y cuidarte. La Biblia también nos enseña que como somos humanos, somos imperfectos. Por esta razón nuestro ejemplo a seguir no es el ser humano, sino Jesús. Sé una mujer de testimonio y de integridad.

"Engañosa es la gracia, y vana
la hermosura; la mujer que teme a Jehová,
ésa será alabada" (Proverbios 31:30).

22
Todo pasa

"La mujer cuando da a luz, tiene dolor, porque ha llegado su hora; pero después que ha dado a luz un niño, ya no se acuerda de la angustia, por el gozo de que haya nacido un hombre en el mundo" (Juan 16:21).

Este verso bíblico nos explica cómo todos tendremos momentos de dolor. En ocasiones, el dolor es señal de crecimiento. Pero el dolor va a pasar y quedarás en completa paz, y con la gran satisfacción de que Dios te sostuvo en todo momento. Hoy no será la excepción.

Cuando pasas por los dolores de parto, no estás pensando tan solo en el dolor. Nos enseñan que es importante aprender a controlar ese pensamiento, enfocarnos en respirar y pujar. Las consecuencias de no manejar esto podrían complicar tu parto natural.

Así como el momento del parto, llegan situaciones donde olvidas hasta respirar. Olvidas las promesas de Dios para ti. No sigas permitiendo que la situación te descontrole; ella va a pasar. Domina el momento, respira, y recuerda las promesas de Dios para ti. Todas las noches son oscuras, pero llegará al día siguiente una nueva mañana llena de nuevas oportunidades, y llena de la misericordia de Dios.

23
Relájate

¿Se te olvidó? Dejaste las llaves en el carro. Olvidaste la fecha de cumpleaños de un ser querido. Te preguntaron la edad y te dio amnesia selectiva (es broma). A todas nos ha pasado. Tranquila, respira profundo, perdónate y abrázate. Dale pa' lante, a todas nos pasa.

A la mayoría de nosotras nos ha pasado que se nos ha olvidado algo. Cuando tenemos la mente cargada de varias cosas a la vez, eso suele suceder. Existen diferentes estrategias que podemos utilizar para recordar cosas. Podemos poner un alerta en el celular. Utilizar la agenda y tomar nota. Mencionarle a alguien más para que te ayude a recordar. Hay personas que se ponen una banda elástica en la mano para recordar que tienen que hacer algo. Utiliza las estrategias que sean útiles para ti.

....

DIOS NO SE OLVIDA DE TI.

....

¿Pero sabes quién no se olvida de ti? Dios. Dios no se olvida de ti. Dios te ama. Dios no ha olvidado las promesas que te hizo. Porque Dios no es hombre para mentir, ni hijo de hombre para arrepentirse. A ti se te pueden olvidar las cosas porque eres humana y a veces no sabes cómo delegar; quieres hacerlo todo a la misma vez. No es saludable vivir tan afanado. Tienes que aprender a delegar y a tomar un día a la vez.

"Así que, no os afanéis
por el día de mañana,
porque el día de mañana
traerá su afán"
(Mateo 6:34).

24
Cicatrices

Si todavía una situación o una persona te descontrolan, y admites que tiene dominio sobre ti, aún no has sanado. Tener una cicatriz no es lo mismo que tener una herida. La cicatriz es una marca que queda porque quiere recordarnos lo que pasó, con el propósito de que no volvamos a cometer los mismos errores. Si la herida aún no ha cicatrizado, toma un tiempo, pero no debes taparla porque no sanará correctamente. A veces puede infectarse y va a requerir medicamentos.

En el plano espiritual debemos pedir perdón y perdonar para que esta herida pase a ser una cicatriz. Solo Dios es capaz de sanar tus emociones para que puedas perdonar y que la cicatriz quede sellada para siempre. Las heridas del pasado estarán en nuestros recuerdos como procesos de enseñanza.

Nuestra escuela de la vida está compuesta por cursos u oportunidades que nos llegarán para hacernos enriquecer como personas. Hoy no somos los mismos que ayer. Somos personas llenas de procesos de crecimiento. Somos conscientes de que el crecimiento puede traer dolor; también somos conscientes de que son necesarios. No le daremos más el permiso a un evento o persona, a descontrolarnos y dominar nuestro día. Identifica esa herida que aún no ha sanado y ponla en las manos de Dios.

"Él sana a los quebrantados
de corazón, y venda sus heridas"
(Salmo 147:3).

25
Siembra

Tu manera de dar servicio, de amar y de respetar, define cómo recibirás. ¿Esperas recibir? Da generosamente; ofrece amor, respeto y perdón. Saber que Dios ama al dador alegre debe motivar tu manera de dar. Muchos están sentados encima de sus propias bendiciones por las motivaciones incorrectas.

¿Estás congregándote en una iglesia donde estás recibiendo una alimentación espiritual? Siembra tu tiempo y ofrenda generosamente en ese lugar. Florece en el lugar donde estás. Aparte de orar por la necesidad de alguien, ¿sientes en tu corazón darle una compra de alimentos? Hazlo, no limites tu dádiva. Dios está probándote; no fracases en esta lección. No importa que no te reconozcan. No importa que no te agradezcan; hazlo en obediencia. El que da generosamente siempre tiene. Nunca

> EL QUE DA GENEROSAMENTE SIEMPRE TIENE.

te faltará nada. La provisión de Dios siempre estará para ti y los tuyos. Si no ves nada en el momento, espera. La cosecha no llega siempre al otro día, pero no dudes que Dios te dará más abundantemente. Si una vez sembraste y te hirieron, perdona. No sigas deteniendo tu bendición por alguien que no lo valoró. Ese es problema del otro, no el tuyo. Tu responsabilidad es ser obediente a Dios porque Él ama al dador alegre.

*"Cada uno de como propuso
en su corazón; no con tristeza,
ni por necesidad porque Dios ama
al dador alegre" (2 Corintios 9:7).*

26
Detente

Detente. No le des el poder o el permiso a otra persona o circunstancia, de hacerte enojar y no sonreír. No lo hagas. Toma control de la situación. Respira profundo, cuenta hasta el número que necesites, llama a alguien, canta, toma tiempo de oración, en fin, haz lo que sea necesario para no perder el control. Recuerda: Dios siempre tiene el control.

En la Reflexión acerca de las cicatrices hablé sobre no dejar que otra persona te controle y te domine. Pero también quiero hablarte sobre descansar en Dios. Siempre es mejor dejar que Dios haga su soberana voluntad. Si esa puerta se cerró, da gracias porque Dios sabe lo que es mejor para ti. Continúa tocando puertas hasta que Dios te abra la que Él tiene para ti.

Detente un momento y haz silencio. A veces hay tanto ruido a nuestro alrededor, que no disfrutamos el silencio. Y el silencio nos ayuda a reenfocarnos para evaluar y analizar. En silencio,

Dios me dado instrucciones y me ha dado la oportunidad de entender que me está hablando sobre mis circunstancias, pero hasta que no me detuve, no pude entender lo que me estaba diciendo. Detente y respira por un momento. Escucha a Dios en medio del silencio.

"Las grandes elevaciones del alma
no son posibles sino en la soledad
y en el silencio." – Arturo Graf

27
Prohibido rendirse

¿Que el plan no funcionó? Puedes cambiar la ruta, pero no el deseo de llegar a tu meta. Vuelve a planificar hasta que encuentres el plan que funcione. En fin, el plan de Dios siempre es perfecto. El texto bíblico en Josué 1:9, hace un mandato:

• • • •

MIRA QUE TE MANDO QUE TE ESFUERCES
Y SEA VALIENTE; NO TEMAS NI DESMAYES,
PORQUE JEHOVÁ TU DIOS ESTARÁ CONTIGO
EN DONDEQUIERA QUE VAYAS.

• • • •

"Mira que te mando". No te pregunta si puedes, si quieres. Te dice, *"Mira que te mando"*. En otras palabras, es un mandato divino que no te rindas, y te esfuerces y seas valiente.

No esperes que otros hagan por ti. No esperes a que las cosas te lleguen. Levántate hoy y sal al encuentro de lo que Dios tiene preparado para ti. Hoy, en algún lugar, Dios puede conectarte con una cita divina. Ten alta expectativa de este día, aunque no veas algo concreto o definido. Dios no está durmiendo y Él siempre está haciendo algo a tu favor. ¿Te levantaste enfermo hoy? Pon tu mano en el área afectada y ora por ti. ¿Te levantaste hoy desanimada? Toma tu Biblia y lee un capítulo del libro de los Salmos. ¿Te levantaste triste? Escucha música de adoración a Dios y verás cómo Dios transforma en alegría tu desánimo y tristeza. No te rindas esperando que alguien haga por ti lo que tú sabes que tú puedes hacer con la ayuda de Dios. Está prohibido rendirse.

28
Soltar

Lo importante no es qué fue lo que dijeron de ti. Lo importante es cómo tú manejas esas emociones; cómo permites que esos pensamientos te secuestren hasta hacerte creer cosas que no son ciertas. Sacude… suéltalos. Alguien dijo de mí… si yo fuera a hacer un inventario de todas las cosas que han dicho de mi estaría en mi cama llorando o en depresión. Todo el mundo tiene una opinión; es como la nariz, todo el mundo tiene una.

Te confieso que algunas de esas opiniones me afectaron en un momento porque eran de personas que yo pensaba que me amaban y pensaban diferente a mí. Tuve que aprender a no dejar que ese comentario me secuestrara y me hiciera esclava, a tal punto que no permitiera disfrutar la plenitud de Dios. Un día anoté el comentario en un papel, lo leí en voz alta y me pregunté: Dayna, ¿qué es lo que Dios piensa de ti? Y comencé a decir en voz alta lo que Dios dijo de mí hasta que el otro comentario ya no tenía poder sobre mí. Me sacudí y lo solté. Tal vez tengas que repetir este ejercicio más de una vez. Hazlo las veces que sea necesario. Perdona a esa persona y sé libre.

"...derribando argumentos
y toda altivez que se levanta
contra el conocimiento de Dios,
y llevando cautivo todo pensamiento
a la obediencia a Cristo..."
(2 Corintios 10:5).

29

Oportunidades

"Los problemas nunca se acaban" es una expresión usada en muchas ocasiones. Pero el significado de "problema" es según tu interpretación. Lo que tú interpretas como un problema para otra persona puede ser una oportunidad de desarrollarse como persona; una oportunidad para lograr una meta. Problemas vs. Oportunidades es ver cómo Dios se manifestará; es esperar en paz que las soluciones, que tampoco se acaban, llegarán. Problemas, nada que ver; son oportunidades.

....

NO SABRÁS CUÁN CAPAZ ERES HASTA QUE ENFRENTES TUS GIGANTES.

....

Hasta que David no fue atacado por un león, no sabía que podía vencer el león. David no sabía que lanzando unas piedras podría derribar a Goliat, hasta que lanzó las piedras. Tus obstáculos serán tus oportunidades para manifestar el depósito de Dios en ti. No sabrás cuán capaz eres hasta que enfrentes tus gigantes, tus propios miedos y tus propias limitaciones. Una vez lo intentes, te sorprenderás de que no era tan difícil y que Dios te dio la capacidad para enfrentar ese obstáculo.

Tu primer reto eres tú mismo. No es el problema. No es la oportunidad. Eres tú que tienes que creer en ti. Creer que Dios está contigo. Tú eres tu propio enemigo en muchas ocasiones. Deja ya de ser tu propio enemigo. Y mira los problemas como oportunidades que Dios te da para manifestar tu poder.

"Acepta los riesgos, toda la vida no es sino una oportunidad. El hombre que llega más lejos es, generalmente, el que quiere y se atreve a serlo." – Dale Carnegie

30
Continúa

¿Te llegó un "no"? ¿Una puerta se cerró? No dejes que eso te desanime o te llene de miedo. Las respuestas "no" son buenas y necesarias. Transforma ese suceso en uno que te impulse a tocar la próxima puerta, y te llene de expectativa para escuchar la próxima respuesta. Hablé en una Reflexión anterior acerca de que debemos aprender a conocer la voluntad de Dios, y que está prohibido rendirse. Muchas veces queremos que Dios nos hable. Dios nos puede hablar de muchas maneras a través de su Palabra, la profecía más segura; a través de una persona; y mientras dormimos, a través de un sueño y/o de las circunstancias.

Pero la respuesta de Dios no siempre es un sí. Dios es soberano y te puede responder con un no o con la respuesta esperada. Sin embargo, ninguna de estas respuestas debe desanimarte, sino que debes entender que Dios, como tu padre, sabe lo que es mejor para ti. Si eres madre, tal vez has tenido que responder a tu hijos con un no. Yo he tenido que hacerlo en muchas ocasiones por el bien de mis hijos, aunque ellos no entiendan por su ignorancia. También nosotros somos ignorantes de todo lo que Dios nos está evitando o cuidando. Pero no detengas en el desánimo; continúa en fe, sabiendo que su respuesta será mejor que lo que le has pedido.

"...vuestro Padre sabe
de qué cosas tenéis necesidad,
antes que vosotros le pidáis"
(Mateo 6:8).

31
Inversión

"El tiempo es oro"; escuché esta expresión en varias ocasiones. Hoy tengo que decir que tiene mucho valor. Sé sabia y valoriza cada momento. Sé sabia y no desperdicies tiempo en pensamientos dañinos. Como inviertas el tiempo de tus pensamientos, así serán tus resultados. La inversión de tu tiempo es una decisión importante, y tus decisiones deben ser tomadas basándote en tus prioridades. Es una de las inversiones más complejas de la vida.

Este reto va acompañado porque la inversión de nuestras decisiones va de la mano del destino de nuestra vida. El detalle es que un día dura 24 horas, no más ni menos, y por lo general, 8 horas de ese día estás durmiendo. El reto es ser

....

EL RETO ES SER UN BUEN ADMINISTRADOR DE TU TIEMPO Y DE TUS PENSAMIENTOS.

....

un buen administrador de tu tiempo y de tus pensamientos. Si administras bien tu tiempo, en períodos cortos puedes lograr efectividad.

Las decisiones surgen de pensamientos, y para esto necesitamos ser buenos administradores de los pensamientos. Muchas preocupaciones innecesarias surgen de una mala inversión de un tiempo o de un pensamiento negativo. ¿Alguna vez te has preguntado por qué no logras tus metas? Una de las razones es que necesitas invertir tiempo en ti. Re-evalúa tu inversión.

"No es el tiempo el que nos falta.
Somos nosotros quienes
le faltamos a él." – Paul Claudel

32
Cambia

No me refiero a cambios externos. Toma tiempo para cambios internos. No esperes que los demás cambien. Cambia tú. ¡Qué fácil se nos hace señalar a otros! Mientras usas tu dedo índice para señalar a otro, tienes el resto de los cuatro dedos hacia ti. La Biblia nos habla claramente de ser cuidadosos en señalar y juzgar a los demás. Para algunos esta costumbre se ha convertido en algo tan cotidiano que lo hacen frente a quien sea sin medir los resultados.

Dios nos invita a ser misericordiosos como Él lo es con nosotros. Muchas mujeres tienen el listado de reclamo de los cambios que esperan de su esposo, cuando desde un inicio tenían conocimiento de esos comportamientos. No podemos pedir a nadie ningún cambio si no hacemos nuestro esfuerzo de hacer los cambios que sean necesarios. Está comprobado que para cambiar un hábito debemos esperar más de 21 días para ver resultados. Los cambios no surgen de la noche a la mañana; toman tiempo. Ten paciencia, pero continúa con tu esfuerzo.

"Si quieres cambiar al mundo,
cámbiate a ti mismo."
– Mahatma Gandhi

33
Única

Un error común que sucede a menudo es la comparación. No es que sea mala. Es que no estás usando el tiempo sabiamente. Disfruta y celebra sabiamente quién eres, lo que tienes. Tú eres única e irrepetible, y no hay comparación. Tenemos una manía de comparar los hijos, el marido, el trabajo y la casa... la lista continúa. Mientras inviertes tiempo en ese inventario de comparación pierdes tiempo en disfrutar las bendiciones que tienes.

Haz una lista de todas tus cualidades y las bendiciones que tienes, y verás cuán bendecida y favorecida eres por Dios. Tú eres la máxima expresión de la creación de Dios. Cuidado con la trampa de la comparación. Disfruta lo que

....

TÚ ERES ÚNICA E IRREPETIBLE,
Y NO HAY COMPARACIÓN.

....

tienes. No estamos en competencia. Celebra, ama y abraza quien eres. En vez de compararte, ¿por qué no compartes con otras tus vivencias?

"Cuando no eres tú mismo,
todos nos perdemos una parte
de conocer mejor a Dios,
¡porque tú reflejas Su imagen
de una manera única y hermosa!"
– Dra. Caroline Leaf

34
Idónea

En el diseño original de Dios, la mujer fue diseñada con unas especificaciones distintas a los hombres, no mejores que las de los hombres, solo distintas, con el fin de proveer ayuda al hombre. ¿Lo estás ayudando? No sigas buscando quién es mejor. Cada individuo tiene sus fortalezas y sus debilidades. Donde tú eres fuerte, tienes unas cualidades distintas que no son para humillar a nadie.

La Biblia te habla de cuidarte de tener un mayor concepto de ti misma del que debes tener. Nos habla de que si alguno de nosotros se cree mayor que otro, solo lo demostrará cuando sirve a los demás. Tus fortalezas son de bendición cuando puedes usarlas para ayudar a otro. ¿De qué nos sirve tanta experiencia o conocimiento si no podemos emplearlos adecuadamente? No es que tengas la sabiduría; es que puedas ponerla en práctica. Tu esposo te necesita aunque él piense que no. No trates de convencerlo.

Mejor demuéstrale que lo amas y te importa, ayudándolo. Sé ayuda idónea para él.

"Y dijo Jehová Dios:
No es bueno que el hombre
esté solo; le haré ayuda idónea
para él" (Génesis 2:18).

35
Estar presente

El poder de estar presente. Una frase, un concepto o una oración. Hace un tiempo aprendí que puedes vivir momentos tan difíciles que no quieres que nadie te diga nada, pero no quieres estar sola. Un día acompañé a una amiga en un momento de dolor; acababan de decirle que su bebé había fallecido. Era tarde, pero ella quería ir a funerarias. Fuimos a varias y no logramos nada.

• • • •

EL PODER DE ESTAR PRESENTE ES TAN FUERTE QUE LO ABSURDO SE CONVIERTE EN UNA FUENTE DE ALIVIO.

• • • •

No dije muchas palabras; solo la acompañé y lloré con ella. Tal vez otro hubiera pensado: "Es absurdo dar vueltas sabiendo que todo está cerrado". Pero el poder de estar presente es tan fuerte que lo absurdo se convierte en una fuente de alivio. El poder de estar presente es una invitación a estar... solo estar. No tienes que decir mucho. No tienes que hacer mucho; solo estar presente cuando alguien más lo necesite. Estar presente es... ESTAR VIVO.

"No debemos permitir que alguien
se aleje de nuestra presencia
sin sentirse mejor y más feliz."
– Madre Teresa de Calcuta

36
Espera

Muchas personas dicen: "Ay, a mí no me gusta esperar". ¿Y a quién le gusta? Pues a nadie. Pero la realidad es que siempre hay que esperar. Ahora, si aprendes a hacer buen uso del tiempo de espera, no te desesperas. Somos conscientes de que siempre en algún momento del día tenemos que esperar. Aun para nacer, tuvimos que esperar 40 semanas.

Las personas que se dedican a la siembra de alimentos, siembran la semilla y tienen que esperar un tiempo para cosechar el fruto. Las cosas no surgen de la noche a la mañana; todo conlleva un tiempo de espera. En tu espera no te desesperes, porque Dios nunca duerme. El tiempo de Dios no es como nuestro tiempo. Dios

....

EL TIEMPO DE DIOS NO ES COMO NUESTRO TIEMPO.

....

es el dueño de los tiempos. Dios es el dueño de todo. Y en su soberanía como dueño, Él determina cuándo comienza y termina las cosas. Aprende a confiar y a descansar en Dios.

"Todo lo hizo hermoso en su tiempo;
y ha puesto eternidad en el corazón
de ellos, sin que alcance el hombre
a entender la obra que ha hecho Dios
desde el principio hasta el fin"
(Eclesiastés 3:11).

37

Esperar en Dios

A veces es mejor esperar. Porque cuando Dios te defiende, obtienes resultados sorprendentes. Dale una oportunidad a Dios; espera. ¿Qué haces mientras tanto? Ora y comienza a celebrar la victoria porque la voluntad de Dios para ti es agradable y perfecta.

No tienes idea de cuántas veces quise defenderme. O en cuantas ocasiones quise manejar la situación. Pero en tantas ocasiones Dios me ha permitido esperar en Él, y ver cómo su mano justa y amorosa defiende mi causa… cómo Dios de una manera tan hermosa, solo como Él sabe hacerlo, ha tomado el control.

No olvides que Dios no ve las situaciones desde tu perspectiva limitada o desde la tierra. Dios ve las situaciones completas desde las alturas. Su perspectiva es totalmente diferente a la nuestra. Cuando tú miras, lo que ves de frente es la montaña, el gigante, el problema. Dios no ve nada de eso. Solo mira tu corazón; si tú como hija le crees a Dios; si te proyectas en tu espera con total seguridad y confianza de que Dios tiene cuidado de ti y que te ama.

"El caballo se alista para el día
de la batalla; Mas Jehová es
el que da la victoria"
(Proverbios 21:31).

38

Guarda tu corazón

Todos en algún momento hemos sido engañados o lastimados. ¿Por qué? Es parte de la formación de tu carácter. ¿Para qué? Para que no olvides que solo Dios permanece fiel. ¿Y ahora qué? Ahora decides cómo vives tu vida futura. Tú decides, puestos los ojos en Jesús, autor y consumador de la fe. ¿Cuántas personas me han lastimado y engañado? La respuesta es "varias".

Lamentablemente, las personas me han engañado de una manera tan dolorosa que pude haber decidido no continuar. Pero me di cuenta de que Dios no es responsable de nuestros actos. Cada uno de nosotros es responsable de nuestra manera de vivir, y tendremos que rendir cuentas ante la

....

TÚ DECIDES, PUESTOS LOS OJOS EN JESÚS, AUTOR Y CONSUMADOR DE LA FE.

....

presencia del Señor. Definitivamente todas las situaciones vividas han obrado para bien. Me ayudaron a crecer y a madurar. Y sobre toda cosa guardada, tomé la decisión de guardar mi corazón. Haz lo mismo:

"Sobre toda cosa guardada,
guarda tu corazón;
Porque de él mana la vida"
(Proverbios 4:23).

39
Escoge

¿Reconoces el poder de elegir? Te criticaron. Te rechazaron. Hablaron mal de ti. Hay personas que hacen eso. Pero hay personas que también te admiran, que hablan bien de ti, que te aman. Y por esos pocos no dejes que sus corazones lastimados, llenos de envidia, mutilen lo que Dios está manifestando en ti. Escoge que ellos no tienen poder sobre ti. Porque lo que ya Dios dijo de ti, se cumplirá. No permitas que un comentario negativo dañe tu corazón. No permitas que estas personas manipulen tu día y aún tu vida. Escoge que la opinión de ellos no determina tu identidad. Tu identidad está determinada por tu creador, Dios. Aparte de Jesús, nadie más te ha amado tanto que ha dado su vida por ti. Solo Jesús merece tu atención. No les des

....

TU IDENTIDAD ESTÁ DETERMINADA POR TU CREADOR, DIOS.

....

poder a esas personas que son pasajeras en tu vida. Son aves de paso. Escoge aceptar la identidad de Dios.

"La gloria que me diste,
yo les he dado, para que sean uno,
así como nosotros somos uno"
(Juan 17:22).

40
Comunicación

La buena comunicación no se debe reservar para ocasiones especiales. La buena comunicación es un ejercicio diario. Debemos aprender a usar la asertividad y antes de hablar, contestar las siguientes preguntas: ¿Por qué? ¿Cuándo? ¿Dónde? ¿Cómo? Las respuestas a estas preguntas nos ayudarán a la comunicación asertiva.

Me crié en New York y como a mis 11 años nos mudamos a Puerto Rico. No hablaba correctamente el idioma español, y esto me afectó en la escuela. Yo tomé la decisión de leer y hablar correctamente el idioma español. Tomé esa decisión tan seriamente que la persona que me escucha hablar jamás se imaginaría que yo hablaba perfectamente el idioma inglés.

Esta decisión fue un reto porque como no sabía expresarme bien, siempre estaba llorando hasta que un día dije: "Ya no más. Vas a aprender a comunicarte asertivamente". Aún hoy es un ejercicio que tomo muy serio. Para mí la comunicación es una hermosa herramienta. Usada correctamente se pueden lograr todas las metas anheladas. Cuando te comunicas correctamente, te ganas el respeto de quien te escucha.

"No hay espejo que mejor
refleje la imagen del hombre
que sus palabras."
– Juan Luis Vives

41

Reconocimiento

Te esmeraste y nadie lo vio. Nadie te reconoció. Acostúmbrate a hacer las cosas que te apasionan y surgen de un corazón agradecido, y no necesitarás el reconocimiento de nadie. Pon la mano en tu hombro y repite conmigo: "La gloria es de Dios, y celebro mi arduo trabajo". Hay personas que no saben valorar o reconocer tu esfuerzo porque nadie reconoció el de ellos. Existen personas con mentalidades que entienden que "para eso te pagan", y que no es necesario hacer un reconocimiento del esfuerzo del otro. Por estas personas elegí que hago todo lo que libre y espontáneamente nace de mi corazón.

····

SI HACES LAS COSAS COMO PARA DIOS, RECOMPENSA DE DIOS RECIBIRÁS.

····

Hago las cosas como para Dios, y Dios siempre ha recompensado mi trabajo. Si haces las cosas como para el hombre, recompensa de hombre recibirás. Si haces las cosas como para Dios, recompensa de Dios recibirás. Si esa persona para quien tú te esmeraste no reconoció o no agradeció tu esfuerzo, no te angusties; tu recompensa no viene de esa persona. Tu recompensa viene de Dios. Dios te dará fuerzas cuando creas no tener ninguna.

"Y cualquiera que os diere un vaso
de agua en mi nombre, porque
sois de Cristo, de cierto os digo
que no perderá su recompensa"
(Marcos 9:41).

42

Relaciones y temporadas

Algunas personas llegan a tu vida para siempre y otras llegan solo para una temporada. Tienes que aprender a discernir los tiempos y temporadas de esa relación. El no tener esto claro podría lastimar tu autoestima, porque hay personas que llegan a tu vida para recibir y otras para dar. Una vez se completa su propósito, entiende que se completó. No te molestes con ellas. Solo agradece la temporada que estuvieron en tu vida y pasa la página.

Nadie dijo que sería fácil dejar ir a personas. Ahora bien, si consigues una relación permanente, preservála y respeta esa relación. Asume un rol importante en la vida de otro. Sé de bendición para los que te necesitan. Conserva y cultiva esas relaciones que aún permanecen en tu vida aún contra viento y marea. Debemos tener claro que todas las relaciones son importantes y necesarias, independientemente del tiempo que esté vigente la relación. Algunas nos ayudarán a nuestra siguiente promoción.

"En el fondo son las relaciones
con las personas lo que
da sentido a la vida."
– Karl von Humboldt

43

Relaciones y expectativas

Como mencioné en la Reflexión acerca de las temporadas, las relaciones son importantes y necesarias. Pero debes tener expectativas reales. Porque una persona te hirió, no significa que tienes que tomar la decisión de no relacionarte con alguien. Significa que agradeces el aprendizaje y te preparas para lo próximo. Todos merecemos oportunidades. Las oportunidades nos dan madurez y crecimiento. Debemos aprender a no generalizar. La expresión "Todos son iguales" no es justa porque no todos somos iguales. Todos tenemos diferencias. Por una persona y/o por un grupo de personas no deberías cerrar tu corazón a oportunidades que Dios ya tiene planificadas para ti.

....

DEBEMOS APRENDER A NO GENERALIZAR.

....

Tener expectativas reales de las personas nos ayudan en las relaciones. Si cierta persona no tiene conocimiento en las finanzas, no por esto no me voy relacionar con ella; sencillamente no le pediré consejo sobre el tema de las finanzas. Utilizo esto como un ejemplo para explicar que tenemos que tener expectativas reales cuando nos relacionamos con personas. Debemos ser cuidadosos a la hora de juzgar a alguien y menospreciar a una persona, no importando la edad. Seamos siempre amables con todos y dispuestas a tratar a los demás con cortesía. Recibe a todos cada día con un saludo cordial, con amor y una sonrisa espectacular. Ama aunque no se lo merezcan. Dios te ama sin tú merecerlo.

"No pidas a nadie que sea lo que no es.
No pidas o esperes de una persona
lo que esta no puede dar."
– Norman Vincent Peale

44
Calma

No vivas tan de prisa, si como quiera vas a llegar. Organízate el día antes. Cuando manejamos el diario vivir con tanta prisa podemos cometer errores como, por ejemplo, no dedicar un momento a escuchar a un ser querido; pasar una luz de semáforo que esté roja y tener una lamentable consecuencia. No queremos vivir experiencias como estas. Necesitamos organizarnos y vivir con toda calma.

Al área de mi trabajo siempre llegan diferentes aves y mariposas. Tomo tiempo en ocasiones cuando camino de un lado a otro, tratando de escuchar el cantar de un pájaro. Si caminas muy de prisa, te podrías estar perdiendo un concierto hermoso de pájaros cantando, o la oportunidad de sonreír a alguien. Presta atención a los detalles y disfrútalos. Disfruta la hora de comer y de tener una conversación con tus seres queridos sin mirar el celular. Ten calma; disfruta el día de hoy.

ACUÉRDATE
DE LA BELLEZA
DE LA VIDA
MIRA LAS ESTRELLAS
Y VETE CORRIENDO
CON ELLAS.

– Marco Aurelio

45

Obras de fe

A Dios no le interesa cuánto conoces de la Biblia. A Dios no le interesa tu preparación académica. A Dios le interesa ver cómo manifiestas tu fe. ¡Que tu vida cristiana sea tu estilo de vida! Con tu vida puedas reflejar que eres una mujer de Dios.

No necesitamos un micrófono o una plataforma para predicar las obras de fe. Predica con tu vida. Predica a tu ministerio, tu familia, tu vecino, tu amigo y en tu empleo. Hay personas que quieren conquistar las naciones y aún no tienen en orden a su familia. Si en tu familia hay contienda y división, es momento de poner en práctica las obras de la fe.

....

MUÉSTRALE A DIOS TU OBEDIENCIA Y DIOS SE ENCARGARÁ DE LOS DEMÁS.

....

Muéstrale a Dios tu obediencia y Dios se encargará de los demás. No seas oscuridad en tu casa. Tal vez, les hablas a los demás con amor y respeto, pero a tu familia no. Eso está totalmente incorrecto. Muéstrale a tu familia que tú eres una mujer en proceso de renovación de su mente; que la manera como hablas y piensas está sujeta a Dios y que el Espíritu Santo de Dios dará testimonio de ti.

"Cuando nos enfocamos en nuestro Dios,
que es amor, y lo que Él dice de nosotros,
aceptamos nuestra identidad única
y descubrimos quiénes somos en Él."
– Dra. Caroline Leaf

46

Confianza en ti

Los hombres no tienen que decir "te amo" todos los días. Si ese hombre está contigo, es que te ama. No sigas con lo mismo; no seas insegura. A algunos hombres no les enseñaron la importancia de decir "te amo". ¿Qué te parece si lo dices tú? Con amor y paciencia él aprenderá el valor que tiene decirte estas palabras.

Una cosa es que no te diga que te ama, y otra que no tenga muestras de expresión de amor para ti. Cada persona tiene una manera distinta de manifestar el amor. Mi esposo, cuando quiere tener una expresión de amor, me cocina algo especial. Aprendí a valorar las muestras de cariño. Ten confianza y seguridad en ti misma. Muéstrate con respeto y los demás lo harán también.

Segunda de Timoteo 24 dice: *"Porque el siervo del Señor no debe ser contencioso, sino amable para con todos, aptos para enseñar"*.

CADA
PERSONA
TIENE UNA
MANERA
DISTINTA
DE MANIFESTAR
EL AMOR.

47

Responsabilidad

Las personas tomarán sus propias decisiones. Con el tiempo entenderás que no eres responsable, y mucho menos culpable, de las decisiones de los demás. Cada uno de nosotros tendremos que asumir las consecuencias y beneficios de nuestras decisiones.

Tú eres responsable de como tú respondes y de tus propias responsabilidades. Es tu responsabilidad y de nadie más aprender a manejar tus emociones. Deja de responsabilizar al pasado, a tus padres, tu crianza. Asume tu responsabilidad. Es fácil decir que otros son culpables. Y puede que ser que haya cierta influencia. Pero ya no más. Tendrás que aprender que tú y solo tú eres administradora de tus emociones y tus pensamientos.

....

ASUME TU RESPONSABILIDAD.

....

"El mayor día de tu vida y la mía
es cuando tomamos responsabilidad
total de nuestras actitudes.
Ese es el día en que
realmente crecemos."
– John C. Maxwell

48

Cero excusas

No digas más “es que no tengo tiempo”. Excusas y más excusas… ¡basta ya! Organízate y decide tomar acción sobre esas metas y sueños que tienes engavetados por tus excusas. Un paso de fe. Un día a la vez. Y verás que lo podrás lograr. Las excusas son para quien las dice, y al final del día solo tú las crees.

Cuando escuchas las historias de éxito de otras personas con limitaciones reales, que pusieron a un lado las excusas y decidieron creer, te das cuenta de que tus excusas están solo en tu mente, limitándote. Tus excusas impiden ver lo que realmente eres capaz de hacer, si tan solo dejaras de decírtelas a ti mismo y decírselas a los demás. Entonces te empeñarás más en esforzarte y ser valiente.

“La dificultad es una excusa
que la historia nunca acepta.”
– John F. Kennedy

49

Murmuración

Cuidado a quien le prestas tus oídos. Cuidado con las conversaciones que corrompen buenas costumbres. No contamines tu corazón. Y no seas parte de los murmuradores. Repite conmigo: "Yo no fomento la murmuración ni participo de ella".

No participes de conversaciones que no son de edificación. No muestras el carácter de Dios cuando te envuelves en tal práctica. La Biblia dice que la lengua es un órgano pequeño, pero que enciende llamas de fuego. Con tus palabras puedes lastimar a una persona más fuertemente que con un golpe físico. Cuidado a quien le prestas tus oídos.

"No erréis; las malas conversaciones corrompen las buenas costumbres" (1 Corintios 15:33).

50
Autoestima

¿Te miraste en el espejo y dijiste: "Hoy estoy hermosa y qué?". O como alguna de mis amigas diría: "¡Pero qué pieza de arte hizo Dios!". Si no lo has hecho, ¡hazlo! Celébrate a ti misma, celebra tu vida. Celebra la plenitud de Dios en ti. Tú tienes la responsabilidad de alimentar ese concepto de ti. Las circunstancias pueden debilitar ese concepto y cuando llegue ese momento, tendrás que renovar tu autoestima nuevamente. No sigas mirándote en el espejo solo para buscar aspectos negativos, según tu opinión. Resalta quien verdaderamente eres.

"Mas vosotros sois linaje escogido, real sacerdocio, nación santa, pueblo adquirido por Dios, para que anunciéis las virtudes de aquel que os llamó de las tinieblas a su luz admirable…"
(1 Pedro 2:9).

51

Suelta el control

Créeme: NO puedes controlarlo todo. Ya lo intenté y no lo logré. El tratar de querer controlarlo todo te puede llevar incluso a enfermarte. Tenemos que aprender a descansar en que Dios es el dueño de todo. Y el dueño tiene que manejar los problemas. Tú y yo no somos los dueños; somos administradores. Los administradores no controlan, sino que supervisan con la tranquilidad de que el dueño tiene todo bajo control.

Con este pensamiento podrás descansar en paz porque Dios tiene el control de todo. No puedes controlar todas las situaciones a tu manera. No es posible. Descansa en el Señor.

"Estad quietos, y conoced que yo soy Dios…"
(Salmo 46:10).

52
Delega

Te sientes muy cansada. Te estás quejando. Pues deja de quejarte y delega. Necesitamos aprender a trabajar en equipo. Como madre aprendí a asignarles tareas a mis hijos y a compartir responsabilidades de acuerdo a sus edades. Al hacer esta dinámica podemos disfrutar más tiempo de calidad en familia.

····

NO SIEMPRE TODO TIENE QUE QUEDAR PERFECTO. CONSIDERA DELEGAR.

····

Delegar tareas puede darte más tiempo para ti. Yo cambié el día de limpieza que regularmente era el sábado. Tratamos en la medida que sea posible hacer esa tarea en la semana para tener el fin de semana para descansar y disfrutar en familia. Cada miembro del hogar tiene una tarea asignada, y esto hace que podamos hacerlo más rápido. Para motivar a mis hijos, premiaba sus esfuerzos solo en ocasiones.

¿Por qué solo en ocasiones? Porque quería que ellos entendieran que ayudaban, no solo por una recompensa, sino porque somos una familia que trabajamos en equipo, y la mayor recompensa es el resultado que todo disfrutamos. Aprendí a recibir ayuda de los demás. Las personas me podían ofrecer ayuda y yo ni me atrevía a decir que sí. Aprendí a recibir. Me quité el perfeccionismo. No siempre todo tiene que quedar perfecto. Considera delegar.

"Los mejores regalos que puedes dar
a tus hijos son las raíces
de la responsabilidad y las alas
de la independencia.
– Denis Waitley

53

Brilla

Si te critican y hablan de ti, alégrate, porque estás haciendo algo que es motivo de conversación para otros. Estás brillando y se dieron cuenta de que sobresales. Deja que la gracia de Dios se manifieste en ti. Míralos fijamente a los ojos, y sonríe. No se le tira piedras al árbol que solo tiene hojas secas. Se le tira piedras al árbol que da frutos. De igual manera, no opaques el brillo de nadie. Brilla por tu luz propia. Sonríe y sé feliz por las bendiciones que Dios te ha regalado. Afírmate hoy y di: "Soy bendecida y favorecida por Dios, y la luz de Dios ilumina mi ser".

"Vosotros sois la luz del mundo;
una ciudad asentada sobre un monte
no se puede esconder"
(Mateo 5:14).

54
Gózate

No celebran como tú, no se ríen como tú y hasta les molesta. A mí me pasa. Tranquila, con el tiempo se contagian y terminan riéndose y celebrando también. No te quites; no abandones tu lugar. Gózate en ser hija de Dios, heredera de todas las bendiciones de Dios para ti.

Gálatas 4:7 dice:

"Así que ya no eres esclavo
sino hijo; y si hijo también
heredero de Dios por medio de Cristo".

GÓZATE
EN SER
HIJA DE DIOS.

55
Identidad

No finjas ser quien no eres. Disfruta, acepta y celebra la identidad de Dios en ti. No te definen las circunstancias, ni una persona o lugar. Tu identidad está definida por tu diseño, y tu fabricante es Dios.

"Pues todos sois hijos de Dios
por la fe en Cristo Jesús...
Así que ya no eres esclavo,
sino hijo; y si hijo, también
heredero de Dios
por medio de Cristo"
(Gálatas 3:26; 4:7).

56
Dominio propio

Dile a tus hormonas: “Hormonas, ustedes no me dominan ni me controlan. Mantendré un equilibrio en mis emociones”. Mujer, tu cuerpo está lleno de hormonas. Pero Dios dice en su Palabra que tú y yo tenemos dominio propio.

“Porque no nos
ha dado Dios
espíritu de cobardía,
sino de poder,
de amor y de
dominio propio”
(2 Timoteo 1:7).

57

Emociones

El mal manejo de las emociones es peligroso. Por un mal manejo de emociones existen divorcios, hijos sin padres, personas desempleadas, personas con heridas muy profundas, personas en bancarrota, y aun personas en prisiones. Una persona puede tronchar su vida en un momento de impulso, de coraje, de pérdida de control, de mal manejo de sus emociones.

Sentir ira es una respuesta natural del cuerpo como un mecanismo de defensa, pero la ira descontrolada se convierte en agresividad. Ten cuidado con la agresividad. Es cuando decimos y hacemos cosas de las que luego nos arrepentimos.

• • • •

TEN CUIDADO CON LA AGRESIVIDAD.

• • • •

Cuando ocurre algo que nos provoca ira, es mejor alejarnos por un tiempo y tomar la situación con calma. Sin embargo, no evadas la conversación o la situación. Eso tampoco es saludable. Es como tener un león dormido que en cualquier momento puede salir. Busca el momento oportuno luego de un tiempo de oración y meditación, y ten esa conversación.

"El necio da rienda suelta
a toda su ira, Mas el sabio
al fin la sosiega" (Proverbios 29:11).

58
¿Qué hacer?

¿No sabes qué hacer? Pues llama a alguien, busca información o lee un libro. ¡Muévete! No esperes a que te lleguen las cosas. Busca la información. Dios nos invita a la acción. Con tanto acceso a la Internet, ya no tenemos excusa de no tener acceso a información. Hay plataformas digitales que pueden ser recursos valiosos para tu búsqueda. Existen muchos libros impresos de varios temas que pueden ayudarte.

Y el libro de los libros que no debemos nunca dejar cerrado es la Biblia; la Palabra de Dios. Está diseñada para edificar, consolar y exhortar. Muévete, anímate a leerla. Encontrarás historias, lecciones, palabras de fe que te ayudarán, y, sobre todo, las mejores respuestas que estás buscando…y sabrás qué hacer.

"Lámpara es a mis pies tu palabra,
Y lumbrera a mi camino"
(Salmo 119:105).

59
Balance

No todo es blanco y negro. Te presento el color gris. Gris es el término medio, los acuerdos donde creamos balance. Siempre alguien debe ceder. A veces, como esposa, me ha tocado ceder aun teniendo la razón. Pero como Dios tiene control del corazón de mi esposo, él termina accediendo. He tenido que aprender que no siempre tengo la razón.

No luches con todo; acude a la oración. Aléjate de los extremos. No son saludables ni beneficiosos para ti. Aprende a llegar a negociaciones en los desacuerdos. Busca el balance. A veces perdiendo se gana, y en realidad, nunca se pierde del todo; siempre se gana algo. Se gana el proceso de aprendizaje, o la oportunidad de manifestar el depósito de Dios. Busca el acuerdo.

"Nunca respondas al necio de acuerdo con su necedad, para que no seas tú también como él" (Proverbios 26:4).

60
fluir

Todo no tiene que estar fríamente calculado. Aprende a fluir en la espontaneidad. Cuando eres una persona organizada, puedes manejar la improvisación siendo cautelosa y confiando en Dios. Él sí tiene todo fríamente calculado. Fluye en el mover de Dios.

Salí un día de mi casa para un lugar y Dios me inquietó a cambiar de dirección. Al parecer no tenía sentido y luego resultó ser que Dios me cuidó y me guardó de un accidente.

El Espíritu Santo de Dios quiere fluir en ti. No lo puedes ver, pero lo podrás sentir como el viento y refrescará tu alma.

"Pero cuando venga
el Espíritu de verdad, él
os guiará a toda la verdad"
(Juan 16:13).

61
Excelencia

Sé excelente. Ser excelente no es ser perfecta. Excelencia es tomar la decisión de hacer todo con dignidad, aprecio, dedicación y sentido de compromiso. Excelencia es que al final del día te sientas satisfecha de que hiciste tu mejor esfuerzo. No tiene que ser necesariamente perfecto.

Cuando haces sobresalir tu pasión, bondad y respeto a ti misma, eres excelente. Hazlo porque quieres ser mejor persona y quieres dar el máximo de tu talento y de tu capacidad. Hazlo para Dios. Si sigues pensando en los demás, jamás podrás superarte. Sé que piensas: "¿Para qué, si nadie lo merece ni lo aprecia?". Lo aprecia Dios, el que te abre las puertas. Puede ser que los humanos no lo aprecien, y que resulte agotador lo que haces porque no ves resultados. Pero no te desamines. Sé excelente y verás los resultados que Dios tiene reservados para ti.

"Todo trabajo que enaltece la humanidad tiene dignidad e importancia y debe emprenderse con excelencia esmerada."
– Martin Luther King

CUANDO HACES SOBRESALIR TU PASIÓN, BONDAD Y RESPETO A TI MISMA, ERES EXCELENTE.

62
Sonríe

No permitas que el mundo dirija tu sonrisa. Permite que tu sonrisa dirija al mundo. ¡Adora a Dios! Elige sonreír; es saludable para ti y contagias a tu alrededor. Una sonrisa puede determinar el día de alguien.

No olvides sonreír hoy. Si tienes razones para sonreír, no dejes que la situación pasajera quiera controlar tu sonrisa. Eso no lo merece. Sonríe y verás que no solo estarás invadiendo tu mente y tu alma de felicidad, sino que cuando alguien te vea, también te corresponderá con una sonrisa.

"La sonrisa es una verdadera fuerza vital, la única capaz de mover lo inconmovible."
– Orison Marden

63
Cambios

Para algunos los cambios pueden dar miedo. Pero los cambios no son una señal de algo negativo, sino de un momento de transformarse. Tú estás en constante cambio. El cambio es vida y la vida es cambio. Acepta esta realidad y disfrútala. El estancamiento no es provechoso. Cuando el agua está estancada produce bacterias, mal olor, en fin, contaminación. El agua necesita fluir. Así es la vida. No puede estancarse; necesita fluir y correr hacia los cambios para poder evolucionar.

"Las personas cambian cuando
se dan cuenta del potencial
que tienen para cambiar las cosas."
– Paulo Coelho

64

tesoros

La memoria es como un cofre. Decide cuáles recuerdos guardarás. Claro que no todos los recuerdos son malos. Necesitamos enfocarnos en las cosas del Espíritu si quieres vivir una vida de paz. Llena tu mente de recuerdos nuevos e intencionales para que la ocupen. Crea memorias nuevas con tu familia y llena tu memoria de tesoros familiares.

"Llegará un día que nuestros recuerdos serán nuestra riqueza."
– Paul Géraldy

65

Oportunidades

Los retos, las circunstancias y las pruebas te proveen oportunidades de manifestar y desarrollar el depósito de Dios en ti. Dios dice en Isaías 41:10: *"...Yo estoy contigo"*. No estás sola. Así como no puedes ver el viento, pero lo puedes sentir, Dios está cerca de ti, estará contigo y te dará la salida. El momento de prueba no es eterno; tiene fecha de terminación. Y durante el proceso de prueba que Dios convertirá en una oportunidad, Dios promete estar contigo.

....

EL MOMENTO DE PRUEBA NO ES ETERNO; TIENE FECHA DE TERMINACIÓN.

....

Como consejera, es un tema que aflora todo el tiempo en muchas personas. Quiero hacerte hincapié en la importancia de estar dispuesto y disponible para las oportunidades de cambios. Repitamos esta reflexión hasta que aprendamos a convertir los retos en opor-tunidades. ¿Qué te parece?

"El futuro tiene muchos nombres.
Para los débiles es lo inalcanzable.
Para los temerosos, lo desconocido.
Para los valientes es la oportunidad."
– Víctor Hugo

66
tú

Si quieres disfrutar de la vida, comienza a disfrutar tu persona. La creación de Dios. Única e irrepetible tú. Tu destino es demasiado grande para permitir que lo que alguien te hizo evite que sigas adelante.

DIOS TE ENTIENDE.
ÉL TE CREÓ CON DETALLE.
FUISTE CREADO
CON INTENCIÓN,
PROPÓSITO Y GRANDEZA.
FUISTE DISEÑADO
PARA SER TU
'YO PERFECTO'.

– Dra. Caroline Leaf

67
No te quejes

No te sientes a quejarte. Cada momento que tomas para quejarte pierdes tiempo en tu productividad. Tú puedes. No te enfoques en los “no puedo”, “no me ayudan” o las circunstancias. Sigue pa’ lante. ¿Qué puede pasar? ¡Que todo te vaya bien! Pero mientras inviertes tiempo en la queja, no te permites evaluar seriamente las posibilidades. Me encuentro a diario estas actitudes, y mi intención es insistir en ayudarte a renovar el pensamiento de queja. La repetición es una estrategia intencionada.

“El pesimista se queja del viento,
el optimista espera que cambie,
el realista ajusta las velas”.
– William Ward

68
Disfruta

Si eres de las que compras las cosas para guardarlas para una ocasión especial, ¡noticia de última hora! Hoy es una ocasión especial. Disfruta el momento. No guardes lo que puedes disfrutar hoy.

"Cada momento es especial
para quien tiene la visión
de reconocerlo como tal."
– Henry Miller

69

Exprésate

Si sigues esperando que las personas adivinen lo que piensas, lo que quieres o lo que necesitas, vas a envejecer. Expresa tus necesidades, emociones y deseos. No sigas esperando que las personas interpreten por arte de magia qué te gusta, y qué no te gusta. No tengas vergüenza en expresar tus preferencias acerca de lo que realmente te gustaría hacer. Exprésate y comunica tus emociones y tus pensamientos.

"La capacidad de expresar
los propios sentimientos
constituye una habilidad
social fundamental."
– Daniel Goleman

70
Victoriosa

Muchas veces no sabes si elegir ser victoriosa o elegir ser víctima. Tu comportamiento, tus acciones y tu lenguaje mostrarán tu elección. Elige siempre ser victoriosa. Elige que eres una persona emprendedora que ves posibilidades; que eres una persona con altas expectativas, llena de fe; que no te mueven las críticas y las imposibilidades. Declara victoria aun cuando sea un acto de fe, porque has decidido creerle a Dios y no a las circunstancias. Estás en victoria por elección y por decisión. No serás más víctima de las circunstancias; ya no estarás bajo el control y dominio de la victimización.

"Porque todo lo que es nacido
de Dios vence al mundo;
y esta es la victoria que ha
vencido al mundo, nuestra fe"
(1 Juan 5:4).

71

Hechura

Según vivamos la vida, será nuestra historia. La vida, el pasado, las personas, las circunstancias no determinan cómo somos o quienes somos. Quienes somos fue determinado por Dios antes de la fundación del mundo. Y aunque en la actualidad esta verdad bíblica no tenga sentido para ti, no deja de ser real. Tu creador, el Dios Todopoderoso, te diseñó con propósito. ¡Ánimo! Tú eres la máxima creación de Dios. Espera, Dios está pronto para ti.

"Antes que te formase en el vientre
te conocí, y antes que nacieses
te santifiqué, te di por profeta
a las naciones" (Jeremías 1:5).

72

Amistad

La amistad es muy valiosa. Pero no puedes exigir una amistad genuina si no eres una amiga de alguien que te puede decir lo peor y tú la sigues viendo como Dios la ve. Elegí ser una amiga diferente, una que puede tener actos de bondad, pero que a la vez no aplaude lo que está incorrecto, y con palabras de amor y misericordia puede aconsejar. Espero que puedas disfrutar y celebrar a tu amiga.

"UN AMIGO
ES UNO QUE
SABE TODO DE TI
Y A PESAR DE ELLO
TE QUIERE."

– Elbert Hubbard

73
Edúcate

¿Por qué debes desarrollar el hábito de la lectura? Porque la lectura me da empoderamiento. Me ayuda a aumentar conocimiento. Aumenta mi vocabulario. Y puedo conversar con otros las lecciones aprendidas. Invierte en ti, toma tiempo en comprar y leer un libro. Asiste a talleres y actividades. Toma cursos por la Internet en los temas que quieres aprender. Invierte en tu crecimiento.

"La inteligencia más el carácter es el objetivo de la verdadera educación."
– Martin Luther King Jr.

74

Escuchar

Hablamos demasiado; tanto, que no cultivamos el hábito ni el arte de escuchar. No nos escuchamos a nosotros mismos. No escuchamos nuestros pensamientos. No escuchamos lo que realmente nos hablan nuestros seres queridos ni otras personas en nuestro entorno. Más triste aún, nos quejamos de que Dios no nos responde, no nos habla, y es que le hablamos, pero no callamos para escucharle.

Hagamos silencio de vez en cuando. Atendamos cuando se nos habla. La Biblia nos invita a tomar tiempo para escuchar. Aprendamos a escuchar.

"El arte de la conversación
es el arte de escuchar
y de ser escuchado."
– William Hazlitt

75

Prepárate

La Palabra de Dios nos habla de estar revestida o vestida de... Es una invitación a estar preparada a tomar acción. La preparación es una acción previa para eventos inesperados o esperados. La preparación es como estar con el código de vestimenta adecuado para cierta ocasión. Nadie se viste con un traje de baño para un servicio fúnebre.

····

PREPÁRATE PARA RECIBIR LAS BENDICIONES QUE DIOS TIENE PARA TI.

····

En la Reflexión "Edúcate" te hablo sobre la importancia de hacer una inversión en tu desarrollo integral. Parte de tu desarrollo integral es aprender a prepararte para posibilidades de imprevistos como aquellos no tan buenos, porque si no has desarrollado el carácter para enfrentarlos, te van a sacudir la vida. Pero, sobre todo, prepárate para recibir las bendiciones que Dios tiene para ti, porque cuando llegan las oportunidades y no estás lista para recibirlas, pueden pasar frente a ti sin que las veas.

"No tiene temor de la nieve
por su familia, porque toda su familia
está vestida de ropas dobles"
(Proverbios 31:21).

76
Empatía

Cuando aprendes a celebrar los logros de otros, podrás disfrutar la aceleración de los tuyos. Muestras seguridad, madurez y un corazón libre de egoísmo. Muestras empatía cuando realmente puedes entender la situación de la otra persona y expresas interés. Incluye en tus oraciones las necesidades y peticiones de los demás. ¡Qué bien se siente cuando alguien menciona que estaba orando por ti! Demuestras que realmente te interesa la persona. Dales seguimiento a las personas, pregúntales cómo están o cómo se sienten, y demuestra empatía.

"Si hay un secreto del buen éxito
reside en la capacidad para apreciar
el punto de vista del prójimo
y ver las cosas desde ese punto
de vista así como del propio."
– Henry Ford

77

Mayordomía

Enséñame cómo manejas el dinero y sabré si eres un buen mayordomo de tus finanzas. Un buen administrador no realiza compras por impulso. Antes de comprar, contesta estas preguntas: ¿Es necesario? ¿Es la mejor opción? Una mujer de Dios tiene dominio y control de sus finanzas.

NO ES
LO QUE TÚ TIENES,
SINO CÓMO USAS
LO QUE TIENES
LO QUE MARCA
LA DIFERENCIA.

– Zig Ziglar

78

Vive

Te van a criticar lo que haces. Te van a criticar lo que no haces. Te van a criticar por quien eres y por quien no eres. Jamás lograrás satisfacer a todos. Solo vive, siendo feliz contigo. Vive agradecida de quien eres, de tus logros, y de tus momentos llenos de retos. Disfruta el momento; el ahora.

"Cada momento es de oro
para los que lo saben ver como tal."
– Henry Miller

79

La fe crece

La fe comienza como una semilla de mostaza, indicándonos que va creciendo a diferentes niveles de madurez. Tu fe crece cuando te expones a las situaciones; cuando das pasos de fe. Cuando decides creer, aunque lo que está de frente no muestra que es seguro. Pero solo necesitas una porción bien pequeña de fe para agradar a Dios. La Biblia establece que sin fe es imposible agradar a Dios. Si quieres agradar a Dios, ten fe.

"Es, pues, la fe la certeza
de lo que se espera,
la convicción de lo que no se ve"
(Hebreos 11:1).

80

Solución

No es como empieza el problema; es como terminas solucionándolo. Muchas personas tienen dificultad con la solución de problemas, porque pierden el amor, la esperanza y la fe. Se distraen porque están agotados y es más fácil engavetar el problema. Existen soluciones a los problemas, pero vas a necesitar tener un corazón dispuesto a recibirlas. No cedas a la tentación de decir "olvídalo", o pensar "mejor no hago nada". No sigas evadiendo las circunstancias y busca las alternativas. Pídele sabiduría a Dios y Él te la dará. Porque juntamente con la prueba Dios te dará la salida. Ten ánimo, confía. Dios te dará la solución a tus problemas.

"Clama a mí, y yo te responderé,
y te enseñaré cosas grandes
y ocultas que tú no conoces"
(Jeremías 33:3).

81

Resiliencia

Uno de los momentos retadores para una persona es enfrentar una pérdida. Independientemente de cuál haya sido la pérdida, no te permitas perder el sentido de quién eres. Los procesos de pérdida son fuertes y tienen sus etapas. Inicias con la negación; esta te tomará el tiempo que tú decidas. Se vale estar triste. No tienes que ser una heroína. Ahora, una cosa es tener un momento de tristeza y otro es dejar que la depresión invada tu vida.

....

TEN CUIDADO
Y SÉ RESILIENTE.

....

Ten cuidado y sé resiliente. Mantente firme. Estás derribada, pero no destruida. Yo pasé por momentos en mi vida cuando pensé que jamás me iba a levantar. Solo podía pronunciar una oración: "Señor, por favor, ayúdame". Las fuerzas no me daban para más. Enfrenté momentos económicos bien fuertes. No tenía comida en la alacena y me interrumpieron el servicio eléctrico. A la mañana siguiente, Dios me envió una ofrenda de amor a través de alguien. Llegaban personas a mi casa con compra. Dios nunca dejó de ser mi proveedor. Tampoco dejará de ser el tuyo.

"Mi Dios, pues, suplirá
todo lo que os falta
conforme a sus riquezas
en gloria en Cristo Jesús."
– Filipenses 4:19

82
Consejos

El abrigo de victimización es “lo que a mí me hicieron”; “es que no me aprecian”. Es como cuando pides la opinión de algo y la persona es honesta, y eso te molesta. ¿Para qué pides la opinión? Responde con madurez, escucha, autoevalúa y reconsidera. En la multitud de consejeros está la sabiduría de Dios. Ahora, si tu pregunta es sobre relaciones de familia, por favor, pregúntale a alguien que pueda dar testimonio de eso.

“Escuchad el consejo del que mucho sabe; pero sobre todo escuchad el consejo de quien mucho os ama.”
– Arturo Graf

83

Deléitate en sus dádivas

Hace unos años conocí a una maravillosa mujer de Dios. Después de un viaje misionero, en un acto de amor me trajo una hermosa hamaca tejida a mano, una artesanía. Los colores son hermosos y para enamorarme más, en cada lado tiene tejidos a mano el nombre de mi esposo y el mío, lo cual me encantó. No olvido su cara cuando me dio la hamaca; reflejaba una ex-presión de alegría. Bueno, ¿qué hice con la hamaca? La guardé, sí, eso mismo, la guardé. Tomé la decisión de guardarla para preservarla. Estuvo guardada y no la disfrutaba. Tal vez puedes estar pensando: "Pudiste haberla disfrutado desde el primer día, para eso te la regalaron".

• • • •

DIOS NOS HA REGALADO
UNA VIDA MARAVILLOSA.

• • • •

Tienes toda la razón. Lo reconozco y lo acepto. La guardé porque ¡estaba tan agradecida! Porque no muchas veces en la vida alguien de buen corazón te regala algo tan hermoso como lo hizo esta mujer. Pudo ser un papel y lo hubiera guardado igual. Lo que realmente quería guardar era el momento tan especial cuando recibí el regalo. Aprendí una lección. Ella me regaló la hamaca para que yo la disfrutara y lo hiciera a plenitud.

Dios nos ha regalado una vida maravillosa, y aún no hemos aprendido a disfrutar a plenitud cada momento. Algunos como yo, en ocasiones, no hemos tomado la mejor decisión, aunque no haya sido intencional. Pero llega este único día que Dios te ministra y te dice: "No lo guardes, disfrútalo". Dios te ha regalado una vida, familia, talentos, dones para que en cada cosa que hagas manifiestes la imagen de la plenitud de

Dios en tu vida. Así que decide tener el honor de ser protagonista de tus regalos, y no los guardes. ¡Disfrútalos!

"El mundo se perderá algo
si no operas en tu "yo perfecto".
Tú eres una parte específica
de Su reflejo, la pieza que falta
y que aporta al mundo una
perspectiva y esperanza únicas."
– Dra. Caroline Leaf

84
Sobrevive

Aprende a disfrutar cada experiencia, y la sabiduría que se recibe con el paso de los días. Al salir el sol se recibe un nuevo día, y con esto nuevas experiencias que nos darán experiencia y perspectiva. Estoy segurísima que hoy no piensas igual que ayer; que hoy te das cuenta que sobreviviste el día de ayer.

"Así que, no os afanéis
por el día de mañana,
porque el día de mañana
traerá su afán" (Mateo 6:34).

85
filtro

El alma es el asiento de nuestras emociones, las cuales son el producto de nuestra forma de pensar, o sea, que las emociones vienen del pensamiento y se guardan en el alma. Si nuestra mente se llena de todo menos de Dios, corremos el riesgo de contaminar nuestro corazón y, por consecuencia, nuestros estilos de vida, pues todo comienza en la mente reprobada.

"En cuanto a la pasada manera
de vivir, despojaos del viejo hombre,
que está viciado conforme a los deseos
engañosos, y renovaos en el espíritu
de vuestra mente, y vestíos del
nuevo hombre, creado según Dios
en la justicia y santidad de la verdad"
(Efesios 4: 22-24).

86
Dependencia

En los procesos de la vida aprendí que mi felicidad o mi tristeza no dependen de otro ser humano. Dependen de cuánto conozco y de cuánto creo en Dios... y mi decisión de ser feliz. No puedo esperar a que otra persona llegue para hacerme sentir feliz. Solo Dios tiene la capacidad de llegar a mi vida, hacerme feliz y llevarme a vivir en plenitud. Solo de Dios puedo vivir plenamente dependiente. Yo dependo de Dios.

"Jehová es mi luz y mi salvación...
Jehová es la fortaleza de mi vida..."
(Salmo 27:1).

87
Contentamiento

¿Qué es vivir en contentamiento? Contentamiento se define como aprender a vivir contentos en el lugar económico en que nos encontramos. Aprender a ser fieles administradores en lo mucho, pero también en lo poco. En el diccionario estar contento significa estar satisfecho, que es igual a confianza o seguridad del ánimo. Es un estado de ánimo que depende de nuestra actitud interna.

Es diferente al conformismo. Estar conforme es tolerar y sufrir; tener conformidad, tolerancia y paciencia en las adversidades. La tolerancia no trae contentamiento, sino resignación. El conformismo nos trae resignación y tolerancia sin

• • • •

EL CONTENTAMIENTO NOS PERMITE TENER PUESTA NUESTRA ESPERANZA EN EL SER SUPREMO.

• • • •

esperanza de cambio. El contentamiento nos permite tener puesta nuestra esperanza en el Ser Supremo y nos produce una actitud de gozo en medio de la prueba.

"No lo digo porque tenga escasez,
pues he aprendido a contentarme,
cualquiera que sea mi situación.
Sé vivir humildemente, y sé tener
abundancia; en todo y por todo
estoy enseñado, así para estar saciado
como para tener hambre, así para
tener abundancia como para padecer
necesidad. Todo lo puedo en
Cristo que me fortalece"
(Filipenses 4:11-13).

88
Diseño

Dios creó a los hombres y a las mujeres con diferentes diseños, pero perfectamente complementarios. El hombre es perfecto para la mujer y la mujer es perfecta para el hombre. El conflicto comienza cuando los hombres y las mujeres tienen expectativas en relación con cómo el otro debe pensar y reaccionar, y esperan que el otro se comporte como ellos.

Sin embargo, cuando ellos entienden y valoran los propósitos del uno y de otro, pueden mezclar sus diseños únicos en armonía. Hay un principio que dice: el propósito es el que determina la naturaleza de las cosas, y la naturaleza de las cosas determina sus necesidades. Disfrutemos nuestros diseños perfectamente complementarios.

"Un hombre de noble corazón irá muy lejos, guiado por la palabra gentil de una mujer." – Goethe

89
Complemento

Tú llenas tu automóvil con gasolina para que pueda funcionar. Sin embargo, no le echas gasolina a tus plantas para que ellas crezcan. Cada entidad necesita que le sea aplicado lo que es adecuado para su propia naturaleza y para sus necesidades.

Este principio aplica tanto para hombres como para mujeres. Hay hombres que dicen que no necesitan de una mujer. Estos hombres están equivocados; el Señor dijo que "no es bueno que el hombre esté solo..." (Génesis 2:18). Hasta que el hombre no reconozca las fuerzas que Dios ha colocado dentro de la mujer, él va a ser débil en esas áreas, porque ella fue diseñada para suplir lo que a él le falta. Las diferencias en las necesidades principales no significan estar correctos y/o estar equivocados, ser mejor o ser peor; tan solo significa que somos diferentes.

90
Toma de decisiones

Las decisiones que tomes hoy construyen tu mañana. Toma tiempo para evaluar tus decisiones. Toma tiempo de oración, lectura y hasta de consultar o buscar información. Todos somos responsables de las decisiones que tomamos. No tomes decisiones si no tienes paz. No tomes decisiones a la ligera. No tomes decisiones si no tienes todos los criterios claros. Tómate tu tiempo. Toma la decisión pensada y correcta, con cuyas consecuencias puedas vivir.

"REFLEXIONAR SERENA,
MUY SERENAMENTE,
ES MEJOR QUE TOMAR
DECISIONES
DESESPERADAS."

– *Franz Kafka*

91
Promesas

Cuando trates a un hombre, aprende a evaluar sus hechos y no sus promesas. Muchas personas tienen por costumbre hacer promesas, incluso con buenas intenciones, pero no las pueden cumplir. Ten cuidado. Mejor es no prometer, que prometer y no cumplir. Esto habla de tu carácter.

Eclesiastés 5:5 dice:

"Mejor es que no prometas
y no que prometas y no cumplas".

92
Renovación voluntaria

El casarse no cambiará a las personas. Si piensas que todo va a cambiar cuando te cases, lamento explotarte esa burbujita. El matrimonio no es la solución. Las personas pueden modificar conducta con el tiempo, pero en esencia, su personalidad no deja de ser la que realmente es. La Biblia nos habla sobre "renovación de nuestra mente". Los cambios requieren introspección y decisión voluntaria de cada persona.

Romanos 12:2 lo indica así:

"No os conforméis a este siglo,
sino transformaos por medio
de la renovación de vuestro
entendimiento, para que comprobéis
cuál sea la buena voluntad de Dios,
agradable y perfecta".

93
Instrucciones

Para entender cómo funcionamos los seres humanos, tenemos que ir al manual que nos ha sido dado por el Diseñador y Fabricante que nos creó. ¿Tienes duda, confusión y no sabes qué hacer? Consulta con tu Fabricante y Diseñador, y Él te responderá. El manual de instrucciones de tu fabricante es la Biblia.

"Encomienda a Jehová tu camino,
Y confía en él; y él hará"
(Salmo 37:5).

94

Calidad de tiempo

Expresiones como estas, "el tiempo se va volando", "el tiempo no se recupera", ¿alguna vez las has escuchado? Todas estas expresiones y otras que no logré recordar son expresiones que han llegado a nuestros oídos una u otra vez. Sugieren una invitación a hacer un buen uso del tiempo, pero en realidad el tiempo es incalculable. Lo que es importante es la calidad que inviertes en ese tiempo. No es la cantidad de tiempo lo importante, sino la calidad del tiempo. Y en esa calidad debes estar presente.

"No malgastes tu tiempo, pues
de esa materia está formada la vida."
– Benjamín Franklin

95
Descontrol

Hace un tiempo aprendí la difícil lección de que no hay nada malo en ser una persona estructurada, pero esto en exceso te puede convertir en una persona sumamente intolerante, intolerable y fría. Todo en exceso puede traer malos hábitos. En cuanto a querer controlar el tiempo para justificar el buen uso, puedes llegar a no disfrutar la improvisación. Y la improvisación es parte de la aventura de la vida. Un poco no viene mal.

"PARA TENER ÉXITO, LA PLANIFICACIÓN SOLA ES INSUFICIENTE. UNO DEBE IMPROVISAR TAMBIÉN."

– Isaac Asimov

96
fidelidad

Dios te envía las circunstancias, pero Él va contigo. Él no te dejará, no te desamparará, prometió estar contigo. Y Dios no es hombre para mentir, ni hijo de hombre para arrepentirse. La fidelidad de Dios es eterna. No cambia por nada ni por nadie. Él nunca deja de ser Dios. Él todo lo ve, todo lo sabe y está en todo lugar. Dios siempre permanece fiel; Su fidelidad es más grande que cualquier situación.

Y Él dijo:

"Mi presencia irá contigo,
y te daré descanso"
(Éxodo 33:14).

97
Eres

"Después de tener, recibir, cuando llegue, cuando logre… estaré feliz, me sentiré completa o me sentiré realizada." Pero no necesitas obtener, ser, lograr para… Eres lo que decides, lo que piensas, lo que hablas y lo que crees. Yo decidí creer que en Dios soy completamente feliz, y lo demás es añadidura.

"Mas buscad primeramente
el reino de Dios y su justicia, y
todas estas cosas os serán añadidas"
(Mateo 6:33).

98

Sacudida

En un aviso de huracán se manifiestan muchas cosas: nuestra forma de prepararnos, cómo manejamos emociones y pensamientos, el trabajo en equipo. También se manifiesta el amor. A veces son necesarios los vientos huracanados que nos sacan de nuestra zona de comodidad, sean relativos a las condiciones atmosféricas, a situaciones o a nuestras emociones, para que el amor aflore y se exprese entre los seres que amamos.

"El amor nunca deja de ser…"
(1 Corintios 13:8).

99

Calladita

La Palabra de Dios nos explica en el libro de Eclesiastés que hay un tiempo para todo. Hay tiempo para hablar y tiempo para callar. En ocasiones, tu mejor decisión puede ser callar. No contestes a todo lo que te digan, porque puede ser que le otorgues importancia a un comentario que no merece tu atención. No permitas que personas o situaciones tengan poder sobre ti, cuando tú sabes lo que ya Dios dijo de ti.

"Todo tiene su tiempo,
y todo lo que se quiere
debajo del cielo tiene su hora…
tiempo de callar,
y tiempo de hablar…"
(Eclesiastés 3:1, 7).

100
Arréglate y continúa

Esta es una de las primeras experiencias de vida que menciono y comparto en cada oportunidad que tengo. Date el permiso de una buena lloradita con todo y drama. Pero mañana... ¡te pones los tacones y te pintas la bemba "colorá"! Todo pasa y la vida continúa. Lee como te lo recuerda la Palabra:

"...Su favor dura toda la vida.
Por la noche durará el lloro,
y a la mañana vendrá la alegría"
(Salmo 30:5).

¡Hasta luego!

Cada Reflexión de mi corazón nace de una intención genuina de que seas edificada, consolada y exhortada a renovar tus emociones y pensamientos. Estoy segura de que así como yo, luchas todos los días con ser como olor fragante ante Dios, y ser ejemplo para tu familia y tus amigos. Pero nuestra realidad es que esta decisión es constante y necesaria todos los días de nuestras vidas. Y en ocasiones anhelamos que alguien nos ofrezca unas palabras de sabiduría y aliento. Con estas Reflexiones, es eso precisamente lo que deseo ofrecerte: la oportunidad de que puedas leer cada una de ellas y que sean de reafirmación y consuelo.

Cada Reflexión surge de vivencias personales, y debo aclarar que no funcionan como algo místico o mágico. Requieren de un corazón enseñable; una decisión de ser una mejor persona cada día. No sé cuántas de ustedes anhelan tener una amiga que pueda decirles lo peor de ustedes, y que ustedes la sigan viendo como una mujer en proceso de cambios, pero hija de un Dios real. De ser así, con este libro quiero inspirarte a que tú seas esa amiga, y que en tu tiempo justo y perfecto coseches también de alguien que lo haga por ti.

Claro que hay días cuando tengo que repasar algunos de estas Reflexiones porque somos humanas y tenemos días en que nos sentimos muy fuertes, y otros que necesitamos más tiempo de oración. Uno de los recursos que me ha ayudado es el ejercicio de introspección, donde separo un tiempo para autoevaluarme antes de que finalice el día. Analizo mis pensamientos, y cómo manejé mis palabras y mis reacciones. En ocasiones tengo que pedir perdón a quien ofendí; perdonarme y pasar la página para el siguiente día. Este ejercicio me ha ayudado mucho a crecer como persona.

Reafirmo algo que mencioné en las primeras páginas de este libro y me despido con lo siguiente: Dios es suficiente. Si tienes esto en cuenta, nada ni nadie te hará falta. Dios es y será siempre El todo para ti. Misma, tú sabes... tú lo sabes, pero en ocasiones necesitas un libro como este para refrescar tu memoria.

Acerca de la Autora

La mayor pasión de **Dayna Monteagudo Rodríguez** son su familia y su deseo de servir; ver cómo cada individuo desarrolla su máximo potencial, y cómo las familias son restauradas.

Ejerció la profesión de Trabajo Social en Puerto Rico durante dieciocho años, y fue pastora para la comunidad de fe Centro Cristiano de Ciudad en Guaynabo. Fundó junto a su esposo, Edgar Cortés Alejandro, la corporación sin fines de lucro Familia Eficaz, Inc., para ofrecer servicios a individuos y familias en la Isla.

En la actualidad se desempeña como Directora Escolar en una escuela privada cristiana, y reside en Florida junto a su esposo y sus hijos, Dayna Eliz y Natanael.

Dayna Monteagudo
787.392.3813
daynanatanael@yahoo.com

